KINZAI バリュー叢書

# BtoB決済
# デジタライゼーション

XML電文で実現する金融EDIと手形・小切手の電子化

KPMGジャパン フィンテック推進支援室 [編]

一般社団法人 金融財政事情研究会

# はしがき

　経済活動の基盤となる「決済」のインフラを取り巻く環境が大きな変革期を迎えています。

　本書が刊行される2018年12月、40数年にわたって銀行間送金を支えてきた「全銀システム」と連携して、受発注情報などの商流データを振込情報に紐づける新たなプラットフォーム「ZEDI」が稼働を開始します。

　振込情報と商流情報が紐づいた「金融EDI」は、社会のデジタル化が進み、競争力の源泉がヒト・モノ・カネからデータへと移行するなかで、「決済」サービスに対する見方を、儲からないビジネスから有用な情報を収集する手段へと変化させるとともに、伝統的な金融機関以外の新規参入を促すことにつながっています。

　また、かつてのピークから10分の1に市場が縮小しながらも、わが国では根強い需要が残る紙の手形は近い将来廃止され、電子記録債権に移行させる抜本的な改革が予定されています。手形機能のデジタル化は、単に印紙税を節約するといった直接的なメリットだけでなく、「POファイナンス」といった新たな資金調達サービスを生み出し、企業に対して競争力強化の新たな選択肢を提供します。

　金融機関は、「決済」インフラの構造的な転換およびそうした転換を引き起こす背景について理解し、顧客に対し

て利便性の高い金融サービスの提供を検討するとともに、自らのビジネスモデルについて再考することが重要です。

　企業は、「決済」インフラの転換に対して、廃止されるサービスへの最低限の対応にとどまらず、インフラの進展によって生まれた新たな金融サービスの積極的な活用によって競争力強化につなげていくことが重要です。

　本書が、「決済」インフラに係る転換への理解を促進する一助となり、読者および読者の顧客に対して付加価値をもたらすことを祈念いたします。

　なお、本文中の意見に関する部分については、筆者の私見であることをあらかじめお断りいたします。

2018年11月

保木　健次

# 執筆者紹介

[編 者]

## KPMGジャパン フィンテック推進支援室

あずさ監査法人、KPMGコンサルティング、KPMG FAS、KPMG税理士法人を含むKPMGジャパン全体で、FinTechに関するサービスを提供する横断的組織。FinTechビジネスの立ち上げから成長に至る各ストーリーで直面する経営課題に対して、アドバイザリー、税務、監査をはじめとする各分野のプロフェッショナルが専門的知識・スキルを結集するかたちで連携し、さらにKPMGグローバルのFinTechネットワークを活用しながら、付加価値の高いサービスを提供している。

[編著者]

## 保木 健次　Kenji Hoki

有限責任 あずさ監査法人 金融事業部 シニアマネジャー
国内外の金融機関にてファンドマネジメント業務等を経験した後、2003年に金融庁に入庁。証券取引等監視委員会特別調査課、米国商品先物取引委員会（CFTC）、金融庁総務企画局市場課、経済協力開発機構（OECD）を経て、金融庁総務企画局総務課国際室にて店頭デリバティブ規制等決済関連の国際議論に参画。2014年8月より現職。店頭デリバティブ、MiFID Ⅱ等の海外規制対応や仮想通貨交換業を含むFinTech関連規制対応等のアドバイザリー業務に従事。

[著 者]

**東海林正賢**　Masayori Shoji

KPMGコンサルティング株式会社　フィンテック推進支援室　室長　ディレクター

中央大学法学部卒。外資系ITソリューション会社にて新規事業開拓に従事。製造業、小売業、流通業、メディア・エンタテインメント業など幅広い業種で新規プロジェクトを立ち上げ、獲得。特にテクノロジーを生かしたビジネス構築において多数の実績をもつ。主なものに、ビッグデータによる障害予測プロジェクト、自然言語処理による法令サービスプロジェクト、1 to 1 デジタルマーケティングプロジェクトなど。FinTech領域では、新規事業立案やAPIサービス化、ICO、Blockchainなどのプロジェクトを担当。大学やセミナーでの講演実績多数。最近では金融とJazzの融合を目指すJAZZ EMP@Tokyo Financial Streetプロジェクトを立ち上げた。KPMGジャパン全体のFinTech推進支援室の室長も兼務。2017年より現職。


**山田　和延**　Kazunobu Yamada

KPMGコンサルティング株式会社　ファイナンシャルマネジメント　パートナー　公認会計士

東京工業大学工学部電子物理工学科卒。一般事業会社、大手コンサルティング会社を経て2014年にKPMGコンサルティング入社。IFRS導入、決算早期化、SSC導入、予算策定支援等、経理領域、経営企画領域を中心に、大手食品、製造、流通、保険、銀行に対してプロセス改善・システム導入のコンサルティングを実施。著書に「イチバンやさしいIFRS」（共著、中央経済社）、「統合的業績評価マネジメント」（共著、生産性出版）、「IT業界のための工事進行基準完全ガイド」（共著、日経BP社）ほか、セミナー・寄稿等多数。

# 目　次

## 第1章　XML電文を起点とする決済インフラの進展とFinTechの台頭

1　はじめに ……………………………………………………… 2
　格納できるデータ量に制約がある固定長電文 ……………… 3
　情報量と互換性のいずれにも優れるXML電文 …………… 8
　固定長電文の廃止と導入されるXML電文 ………………… 12
　XML電文によるデータ交換を可能にするシステム
　　の開発 …………………………………………………… 13
　受発注情報を付加した金融EDI ……………………………… 16
　金融EDIデータを活用した業務効率化 …………………… 17
　資金調達等の競争力向上 …………………………………… 18
2　決済インフラの進展とFinTechの台頭に係る本書
　の射程 ………………………………………………………… 20
3　財務・決済プロセスを高度化するFinTechの台頭 ……… 24
　(1)　クラウド会計ソフトとオープンAPI …………………… 25
　　家計簿アプリ …………………………………………… 25
　　クラウド会計ソフト …………………………………… 26
　　オープンAPIと電子決済等代行業者 ………………… 27
　(2)　トランザクション・レンディング …………………… 30

## 第 2 章　XML電文への移行と金融EDIの導入

1　現行の国内決済システム ………………………………… 36

　(1)　**内国為替取引** ……………………………………………… 36

　　資金決済 …………………………………………………… 36

　　為替取引 …………………………………………………… 37

　　内国為替取引 ……………………………………………… 38

　　振込の仕組み ……………………………………………… 39

　　内国為替制度 ……………………………………………… 40

　(2)　**全銀システム** ……………………………………………… 42

　　全銀システムの概要 ……………………………………… 42

　　全銀ネット ………………………………………………… 43

　　送金電文 …………………………………………………… 45

　　為替通知 …………………………………………………… 47

　(3)　**総合振込** …………………………………………………… 51

　　インターネット・バンキングとファームバンキング … 51

　　総合振込 …………………………………………………… 53

2　XML電文と金融EDI ………………………………………… 56

　(1)　**XML電文** …………………………………………………… 56

　　マークアップ言語 ………………………………………… 56

　　ISO20022 …………………………………………………… 59

　　日本におけるXML電文 …………………………………… 60

　　XML電文の特徴 …………………………………………… 61

　　固定長電文 ………………………………………………… 62

|   |   | XML電文への移行の範囲 | 64 |
|---|---|---|---|
|   |   | 移行スケジュール | 66 |
|   | (2) | **金融EDI** | 67 |
|   |   | EDI | 67 |
|   |   | 金融EDI | 68 |
| 3 | 新システムZEDI | | 73 |
|   | (1) | **ZEDIの概要** | 73 |
|   |   | 全銀システムとは別のシステム | 73 |
|   |   | クライアント証明書 | 75 |
|   | (2) | **ZEDIの利用イメージ** | 76 |
|   |   | 支払企業から受取企業への送金電文等の流れ | 76 |
|   |   | ZEDI内で実行される作業 | 82 |
| 4 | 移行に向けた課題 | | 83 |
|   | (1) | **企業・銀行に求められる取組み** | 83 |
|   |   | 企業におけるXML電文の作成・変換 | 83 |
|   |   | FB利用企業における通信回線強化 | 84 |
|   |   | 銀行におけるZEDIとの接続に係る取組み | 85 |
|   |   | 銀行におけるIBのアップグレード | 86 |
|   | (2) | **通信回線** | 86 |
|   | (3) | **商流EDIフォーマットの標準化** | 90 |
|   |   | 商流情報の標準化 | 92 |
|   | (4) | **XML電文の利用の促進** | 93 |

# 第3章　手形・小切手機能の電子化

1. **手形・小切手の仕組みと特徴** ……………………………… 100
   - 手形・小切手の流れ ………………………………………… 100
   - 手形・小切手の市場 ………………………………………… 103
   - 手形の譲渡・裏書 …………………………………………… 104
   - 手形の割引 …………………………………………………… 105
   - 手形のファクタリング ……………………………………… 106
2. **手形・小切手機能の電子化に向けた取組み** ……………… 108
   - 手形・小切手機能の電子化の背景 ………………………… 108
   - 手形・小切手の利用実態 …………………………………… 109
   - 手形・小切手機能の電子化の方法 ………………………… 110
   - 手形・小切手機能の電子化のスケジュール ……………… 111
   - 手形・小切手機能の電子化に向けた課題 ………………… 113
3. **電子記録債権の概要** ………………………………………… 115
   - 電子記録債権の市場 ………………………………………… 115
   - 電子記録債権の法的特徴 …………………………………… 117
   - 電子債権記録機関 …………………………………………… 119
   - 電子記録債権の仕組み ……………………………………… 123
   - 電子記録債権の普及に向けた課題 ………………………… 125
   - 今後の電子記録債権の普及と活用の促進に向けた取
     組みの方向性について ……………………………………… 127

# 第4章　XML電文を起点とする企業の財務・決済プロセスのデジタル化によるメリット

1　デジタル化による変化 …… 130
 (1)　**決済業務・消込作業の省力化** …… 130
　　日本の間接業務の特徴 …… 130
　　最近の動向 …… 134
　　消込業務がむずかしい理由と自動化の可能性 …… 136
 (2)　**経理業務のSTP化** …… 139
　　いっそうの自動化のための施策 …… 139
　　企業財務のデジタル化 …… 141
　　XML電文を利用したSTP化へ向けた準備 …… 144
2　EDI情報の活用 …… 146
 (1)　**電子領収書としての利用** …… 146
 (2)　**データ分析による金融ニーズの把握** …… 147
　　データがビジネスを変える …… 147
　　売上明細データの活用 …… 148
　　サプライチェーン・ファイナンス …… 150
　　企業グループ内での活用 …… 152
　　海外事例 …… 152
　　ま と め …… 154
3　電子記録債権の活用 …… 155
 (1)　**資金回収の早期化** …… 155
 (2)　**ファクタリング・売掛債権担保融資活用の容易化** …… 156

(3) **電子記録債権の活用メリット** ─────── 157
　企業が手形の代替として利用するメリット ─────── 158
　企業が資金調達手段として活用するメリット ─────── 159
　銀行が電子記録債権を活用するメリット ─────── 160

## Appendix 高度化に関する議論の経緯と規制の動向

1 **企業の成長力強化のためのFinTechアクションプラン** ─────── 164
(1) **アクションプランの策定の前段階** ─────── 165
　決済業務等の高度化に関するワーキング・グループ
　　──固定長電文からXML電文への移行 ─────── 165
　決済高度化官民推進会議（2016年6月および2017年1
　　月）──金融庁から全国銀行協会へ ─────── 166
　日本再興戦略2016──XML電文化の効果 ─────── 168
　経済産業省「金融EDIにおける商流情報等のあり方
　　検討会議」──商流情報の整理 ─────── 169
(2) **未来投資戦略2017──企業の成長力強化のための
FinTechアクションプラン** ─────── 171
　全銀システムの24時間365日対応化 ─────── 173
　XML新システム等のデータを活用した電子領収書
　　の発行 ─────── 176
　決済高度化官民推進会議（2017年6月）
　　──アクションプラン概念図等 ─────── 179

⑶ アクションプランの進捗 ……………………………… 182
　未来投資戦略2018
　　――振込情報と商流EDIの接続に係る実証実験 ………… 182
　決済高度化官民推進会議（2018年6月）
　　――電子化検討会と公金収納勉強会 …………………… 184
2 決済サービスに係る今後の規制の動向 ………………… 187
　金融審議会「金融制度スタディ・グループ中間整理
　　―機能別・横断的な金融体系に向けて―」 ……………… 188

事項索引 ……………………………………………………… 193

# XML電文を起点とする決済インフラの進展とFinTechの台頭

# 1 はじめに

　インターネット・バンキングの入出金取引明細画面で受発注情報をみられるようにする。

　たったこれだけのことですが、企業にとっては次のような大きな利点が生まれます。

・入金と受注情報（売掛金）を突き合わせる消込作業が格段に効率化する。
・入出金と受発注情報が紐づいたデータを活用することで、たとえば、借りたい時に必要な資金を必要な金額借りることが容易になるなど金融サービスが便利になる。

　この、「これだけ」のことをするために、銀行と、さらにその裏側にある銀行同士をつなぐシステムを抜本的に刷新し、データを活用する利便性の高いサービスの台頭を待つ必要があります。

　本書では、入出金取引明細画面で受発注情報を表示するための業界をあげての取組みについて、その背景とともに解説しながら、手形・小切手機能の電子化等の外部環境の変化についても触れつつ、企業が今後どのように決済インフラの進展とデータの活用等を通じて競争力を高めていく

かについて解説します。

## 格納できるデータ量に制約がある固定長電文

インターネット・バンキング（以下「IB」という）やファームバンキング（以下「FB」という）の入出金取引明細画面で入出金に紐づけられた受発注情報を表示するためには、いくつかの難題を克服する必要があります。

最初に立ちはだかる大きな壁は、支払企業から当該企業が利用する銀行（以下「支払銀行」という）に送る送金指図に格納できるデータ量の制約です。「IB」や「FB」の入出金取引明細画面で表示される情報は、基本的に企業が「支払銀行」に対して提供するデータの範囲に限定されます[1]。

現在の銀行振込では、「支払銀行」と受取企業が利用する銀行（以下「受取銀行」という）の間のデータ交換を中継する「全銀システム」[2]が定める「固定長電文」[3]という

---

1 入出金情報と受発注情報の紐づけは、IBやFBからのファイルダウンロードと、別途取引先とデータ交換した受発注情報を社内で連携させることでも作成可能だが、IBやFBの画面上で入出金情報と受発注情報を表示するためには、受発注情報についても銀行にデータが提供される必要がある。本書では、銀行システムを通じて受発注に係るデータが提供されることによってIBやFBの画面上に入出金情報と受発注情報を表示するという目的を達成する方法を取り上げている。
2 「全国銀行データ通信システム」の略称。全国の金融機関の間で内国為替の決済を行うシステム。1973年に導入された後更改を重ね、現在は2011年11月から導入された第6次全銀システムが稼働している。

フォーマットに、振込に必要な受取銀行名と支店名、当該銀行の銀行番号および支店番号、普通や当座といった預金種別、受取人の名義および口座番号、そして振込金額といった「振込情報」に係るデータと一緒に受発注情報に係るデータを格納します。たとえば、企業間送金に使われる「総合振込」[4]に係る「固定長電文」では、全体で半角120桁という上限が設定されています。

車に置き換えると、最大で120個の荷物（データ）が積載可能な小型トラックで荷物を送り主（支払人）から中継倉庫（全銀システム）まで運搬する運送業者（支払銀行）と、中継倉庫から受取人まで荷物を運ぶ運送業者（受取銀行）が連携して運ぶ仕組みになっているといえます。

ただし、半角120桁といっても、本来の振込に必要な「振込情報」等に割り当てられた桁数を除くと、受発注情報等に使えるのは半角20桁までに制限されています。また、ひらがなや漢字は使えず、英数とカタカナなど使える文字の種類も限定されています。

実際の「IB」における「総合振込」の入力画面をみる

---

3　電文の長さや情報量があらかじめ定められている「全銀システム」に用いられている送金指図フォーマット。振込情報以外の付加的な情報（EDI情報）は、最大半角20桁に制限されている。

4　金融機関が提供する、複数または大量の振込をまとめて実行（処理）できるサービス。通常、振込は日付指定の「予約」の取扱いとなり、また承認時限は、前営業日の金融機関が指定する時限となっている。一般に総合振込は、企業等の法人において、IBまたはFBの仕組みを用いて行われる。

と、入力が求められる項目と「振込情報」が一致するとともに、「EDI情報」といった名称の任意記入欄があることがおわかりいただけると思います。この「EDI情報」欄が受発注情報を入力する場合に使用するデータの格納場所になります。そして、「EDI情報」欄への入力が、上限20文字に設定されていることが確認できると思います（図表1－1参照）。

このように「IB」を通じた銀行振込では、まず、支払企業側において「振込情報」と受発注に係るデータを入力します。「IB」画面で入力された情報は、「支払銀行」のシステムにおいてデータ交換に係る手順で定められる共通フォーマットである「固定長電文」に転換されたうえで、「全銀システム」を経由して、「受取銀行」とデータ交換が行われ、「受取銀行」側が受取企業の入出金取引明細の表示等のリクエストに応じて受取企業の「IB」画面に入出金取引明細を表示するという流れになります。

「IB」以外に、たとえば、紙の振込用紙に記入する場合は、「振込情報」や受発注情報等の「EDI情報」は、「支払銀行」においてシステムに入力されます。その後のプロセスは、上記と同様になります。また、「総合振込」の場合、ファイルにデータを入力し、ファイルを「IB」にアップロードするという方法もあります。

このように、銀行振込の手続を分解してみると、支払企

図表1-1　総合振込の入力画面例、固定長電文のデータ例および入出金取引明細画面例

〈支払人（株式会社XYZ）の総合振込IB画面例〉

| 金融機関名 | XXXギンコウ |
|---|---|
| 支店名 | △△△ |
| 科目／口座番号 | 選択してください　　　　（半角数字7桁以内） |
| 受取人名 | カ）ABC<br>（半角30文字以内） |
| EDI情報 | 012345ABCDEFG　　（半角20文字以内） |
| 支払金額 | 1000000　円（半角数字10桁以内） |
| 手数料 | ○　当方負担　　○　先方負担 |

固定長（総合振込）レコードフォーマットへの変換

支払銀行と受取銀行の間でのデータ交換

| データ区分<br>（1桁） | 銀行番号<br>（4桁） | 被仕向銀行番号<br>（15桁） | 支店番号<br>（3桁） | 被仕向支店名<br>（15桁） |
|---|---|---|---|---|
| 2 | 0123 | XXXギンコウ | 123 | △△△ |

| 新規コード<br>（1桁） | EDI情報<br>（20桁、固定長） | 指定区分<br>（1桁） | 識別表示<br>（1桁） | ダミー<br>（7桁） |
|---|---|---|---|---|
| 1 | 012345ABCDEFG | 7 | Y | |

（出典）　全国銀行協会資料等をもとにKPMG作成

業から受取企業に送る受発注情報等のデータ量をふやすために、「IB」画面上で入力できるデータをたとえば上限20

〈受取人（株式会社ABC）の入出金取引明細IB画面例〉

| 日付 | 出金 | 入金 | 取引区分 | 振込依頼人 | EDI情報 |
|---|---|---|---|---|---|
|  |  |  |  |  |  |
|  |  |  |  |  |  |
| 201X/X/X |  | 1,000,000 | 振込 | カ)XYZ | 012345ABCDEFG |
|  |  |  |  |  |  |
|  |  |  |  |  |  |
|  |  |  |  |  |  |

固定長（総合振込）レコードフォーマットからの変換

データ・レコード（計120桁うちEDI20桁）

| 手形交換所<br>（4桁） | 預金種目<br>（1桁） | 口座番号<br>（7桁） | 受取人名<br>（30桁） | 振込金額<br>（10桁） |
|---|---|---|---|---|
| 4567 | 1 | 1234567 | カ)ABC | 001000000 |

文字ではなく、もっとたくさんの文字数を受け付けるように改修したり、振込用紙の記入欄を拡大したりすればよい

のかというと、そう単純な話ではないということがわかります。「全銀システム」を経由して銀行間で行われるデータ交換に使用する「固定長電文」に格納できるデータ量を飛躍的にふやさなければ、受取企業側の「IB」画面上に表示される入出金取引明細で受発注情報をみられるようにはできません。

先ほどの車の例でいうと、送り主が運送業者に渡す積載荷物一覧表の記載欄だけ増補すれば一度に送れる荷物の量が増えるわけではなく、運送に使用する車自体をより積載量の大きなトラックに切り替える必要があるということです。

## 情報量と互換性のいずれにも優れるXML電文

「送金指図」に格納するデータ量を拡大する方法としてまず思い浮かぶのは、現行の「固定長電文」の「EDI情報」欄を拡大するということです。簡単そうに思えますが、いくつかの克服しがたい課題があり、現実的にはとることのできない選択肢です。

まず、固定長の電文フォーマットの場合、あらかじめ「固定長電文」全体の桁数を設定する必要があり、格納できるデータ量について上限を設定せざるをえません。しかし、上限を設定すると、いずれ、どこかの段階で支払企業が発注情報をすべて入力することができない事態が発生し

ます。

「振込情報」と違って「EDI情報」欄に発注情報を入力しなくとも振込自体は可能です。そして、発注情報の入力にデータ量の上限を気にしなければならないというかたちで利便性が損なわれる結果、「EDI情報」欄が活用されなくなるおそれがあります。

また、「固定長電文」の桁数の単純な拡大は、コスト面からも課題が残ります。通信やシステムの維持費は、交換するデータ量に左右されますが、「固定長電文」の場合は、「EDI情報」欄が空白であっても、空白というデータとして取り扱うことになります。したがって、前述の発注情報をすべて入力できない振込が生じるという課題を克服するために、巨大な桁数の電文フォーマットとした場合、使われない空白データを多数生み出してしまうため、コストが急騰することになります。空白データに伴うコストは、最終的には振込手数料等のかたちで顧客にも跳ね返ることになり、現実的な選択肢ではありません。

車の例でたとえると、積載する荷物を増やして大型トラックに切り替えても、やはり、上限はあるわけで、荷物を積みきれないケースが生じる可能性があります。しかも、大型トラックはその分通行料金が上がるほか、中継倉庫を管理する側にとっても維持・補修費用が跳ね上がるといった課題があります。また、荷台がほぼ空のケースでも

通行料金は大型トラックとして適用されるためコストが嵩み、そのコストは一部顧客に転嫁されるおそれがあるということになります。

　もう一つは、互換性の問題です。「固定長電文」は、国際標準とは異なる電文フォーマットです。金融取引に使用される電文は国際標準となっている「XML電文」[5]に移行していくことが世界の潮流となっています。「ガラパゴス化」という言葉がありますが、国際標準と異なる「固定長電文」を使い続けることは日本企業が低い互換性に起因するコスト負担を追加的に負うことになり、他国と比べて不利な立場に置かれる可能性を高めます。

　積載する荷物のサイズを国際標準にあわせることにより、輸出入の際に海外でも物流に使用しているインフラを共通で使えるなどのメリットが生じるということになります。

　「XML電文」の特徴の一つは、データ量があらかじめ固定されている固定長でなく、入力するデータ量に応じて電文に格納するデータ量が変わる可変長であることです。このため、「固定長電文」にあるような無駄な空白データを多数生み出すような状況にはなりません。また、交換でき

---

5　XMLとは、「eXtensible Markup Language」の略で、データ記述言語の一つ。拡張性が高く、データを意味づけすることに優れている。XML電文は、電文の長さなどを柔軟に設計・変更することが可能な電文方式。いずれも、本文において詳述。

るデータ量に上限が設定されることもありません。

　トラックではなくなってしまいますが、たとえると、貨物列車のように荷物の量に応じて車両の長さが変わる運搬手段といえます。

　さらに、詳細は後述しますが、「XML電文」には、タグ付けと呼ばれる手法によってデータに意味をもたせることができます。「固定長電文」は、定められた桁数の「EDI情報」欄に入力されているデータがどういうものか、意味づけを行うことができません。意味づけとはたとえば、「20180808」という数字の羅列が日付を意味するのか、請求書番号を意味するのかをコンピュータに認識させることができるということです。または、「おいしい水」という文字列が会社名（振込名義人）なのか、商品名なのかといった意味を認識させることもできます。これができると、データ検索等が容易になりデータの活用の幅が飛躍的に広がります。

　先ほどの荷物の運搬の例でいうと、タグ付けとは、荷物の外側に箱の中身がなんであるかを記載しておくことに似ています。

　以上のような現状の課題と「XML電文」のメリットをふまえて、日本では「振込情報」に受発注情報を加えた「送金指図」の電文フォーマットとして「XML電文」が採用されることとなりました。

## 固定長電文の廃止と導入されるXML電文

「固定長電文」は2020年中の廃止が予定されています。

廃止の対象となるのはすべての企業間送金ではなく、一部のサービスです（図表1－2参照）。

移行対象取引については、2018年12月25日に稼働する新

図表1－2　固定長電文が廃止される企業間送金サービス

| 区分 | サービス（種別） | チャネル | | 移行対象 |
|---|---|---|---|---|
| 支払企業 | 総合振込 | 一括ファイル伝送（FB） | 個別金融機関接続 | ◎ |
| | | | 共同センター経由 | 対象外 |
| | | 媒体（磁気テープ等） | | 対象外 |
| | | インターネット・バンキング（IB） | ファイルアップロード | ◎ |
| | | | 画面入力 | 対象外 |
| | | FAX振込サービス、テレフォンバンキング、ATM、窓口等 | | 対象外 |
| 受取企業 | 振込入金通知入出金取引明細 | 一括ファイル伝送（FB） | 個別金融機関接続 | ◎ |
| | | | 共同センター経由 | 対象外 |
| | | 媒体（磁気テープ等） | | 対象外 |
| | | インターネット・バンキング（IB） | ファイルダウンロード | ◎ |

（出典）　全国銀行協会資料をもとにKPMG作成

しいシステムを利用することにより「固定長電文」の廃止に先立って「XML電文」を使ったサービスの利用ができます。2020年の「固定長電文」の廃止までは、「XML電文」の利用は企業の任意ですが、「固定長電文」の廃止後は、移行対象取引については「XML電文」の利用が必須となります。

「XML電文」の利用にあたっては、企業は、会計システム等のソフトウェアのバージョンアップや入替えが必要になります。また、「FB」を利用している場合は、「XML電文」を送受信するための回線準備や通信ソフトウェアの設定変更・入替え等が必要になる場合があります。つまり、「固定長電文」の廃止と「XML電文」の導入に伴って、ほとんどの企業は、なんらかの対応が求められるということになります。

## XML電文によるデータ交換を可能にするシステムの開発

「固定長電文」が「XML電文」に移行するといっても、「全銀システム」を全面的に刷新するのではありません。「全銀システム」とは別に新たなシステムを構築し、「XML電文」のうち「EDI情報」に相当する部分のみを切り出して、「EDI情報」に係るデータ交換を当該新システムが担当、「振込情報」部分は引き続き「全銀システム」

が担うという複雑な方式が採用されました。

　また、既存の「全銀システム」と切り離したことにより、「XML電文」への移行はリテールを含めたすべての振込を対象とするのではなく、企業間送金で使われる「総合振込」、それもファイルのアップ・ダウンロードによる取引という一部の振込のみが移行対象となりました。

　つまり、既存の道路をすべてリニューアルするのではなく、「振込情報」については引き続き既存道路を使用して運搬しながら、新たな受発注情報という荷物（データ）の運搬用に別ルートを建設して運搬する方式にしたということです。先ほどの例でいうと、新しいルートは道路ではなく線路として建設され、可変長の貨物列車で荷物を運搬するということになります。

　企業側からみると、この別システム方式の影響は大きく二つあります。一つは、「IB」を通じて「XML電文」を利用する場合、「支払銀行」が「XML電文」に対応していないと「XML電文」が利用できないということです。これは、既存の「全銀システム」に接続するすべての銀行が自動的に新システムに接続するわけではなく、銀行があらためて新ステムに対して接続を申し入れる必要があるためです。

　これまで利用していた運送業者が、「うちは新しくできた貨物列車と契約していませんので、貨物列車でなければ

運べない荷物は引き受けられません」といってくる可能性があるということです。

　もう一つは、「XML電文」を利用する振込は一部に限られ、たとえば「都度振込」を行う場合は、引き続き「固定長電文」による「送金指図」を出す必要があるということです（「XML電文」への移行対象となっている取引については、「固定長電文」を廃止することが決まっています。言い換えると、すべての振込を「固定長電文」のままとする選択肢は企業にはなく、「XML電文」への移行対象取引を利用する限り、移行に伴う対応が必ず生じるということになります）。これは、企業にとっては、新システムに対応したシステム改修を行うのではなく、既存の「固定長電文」対応システムを残しながら新システムに対応する必要に迫られるということを意味します。

　本書の目的は、「XML電文」への移行が企業にとっていかに大変なことであるかを強調することが目的ではありません。必ず発生するコストなのであれば、コストを可能な限り抑える最低限の対応を模索するのではなく、「XML電文」への移行によって生ずる「金融EDI」等のデータの活用などの施策を通じて最大限企業の競争力向上に役立てるべきであるという点について理解を促すとともに、具体的にどう活用すればよいかについて可能な限りの示唆を提示することが目的です。

## 受発注情報を付加した金融EDI

　冒頭で提示した「IBやFBの入出金取引明細画面で入出金に紐づく受発注情報を表示」するための、「送金指図」に格納するデータ量の制約に続く二つ目の難題が、「XML電文」の導入によって拡大した受発注情報を格納するスペースに実際に当該データを入力することです。

　「振込情報」とそれに紐づく受発注情報が一体となった「金融EDI」は、入金消込作業の効率化だけでなく、データを活用した資金調達などさまざまなメリットを生み出します。しかしながら、それらのメリットは、せっかく拡大した受発注情報を格納するスペースにデータが入力されなければ生まれません。

　データ入力が課題となる大きな要因として、受発注情報の入力負担を負う企業と、「金融EDI」データを活用したメリットを享受する企業が異なることから生じるインセンティブのねじれがあります。前述のように受発注情報の入力は、支払企業側が行います。これに対して、入金消込作業が効率化するのは、受取企業側となります。入金消込作業の過程で受取企業から支払企業への問合せが減るといったかたちでの支払企業へのメリットが示されることはありますが、おそらく支払企業側に対するインセンティブとしてはそれだけでは不十分だと考えられます。

一律の解はないものの、「金融EDI」データが付加された「総合振込」に対する優遇措置の設計など受取企業側によるインセンティブのねじれ解消に向けた対応についても積極的に検討される必要があると考えます。

## 金融EDIデータを活用した業務効率化

前述の課題をクリアし、冒頭で示した「インターネット・バンキングの入出金取引明細画面で受発注情報をみられるようにする」という状態が生まれた場合は、それによって生まれる二つの利点を活用する段階となります。

一つ目の利点は、「入金と受注情報（売掛金）を突き合わせる消込作業」の効率化です。前述のように現行の「固定長電文」による「送金指図」では、入出金取引明細画面に消込作業を行うための十分なEDI情報が付記できませんでした。しかしながら、「XML電文」の導入により消込作業を行うために必要な情報を入出金取引明細から入手することが可能になりました。

入金消込についてはさらなる効率化を促す方法が二つあり、一つは企業側において対応可能ですが、もう一つは、産業界全体での取組みが必要となります。企業側で対応可能なさらなる入金消込作業の効率化は、経理業務全体の「STP」[6]化です。

---

6 「Straight-Through Processing」の略。

受発注情報を取引先企業とやりとりする部署・業務においても電子化を進め、受発注から資金決済および入金消込に至るまでのすべてのプロセスを電子化することができれば、企業は、これらの業務を一気通貫に自動化することができ、入金消込の効率がさらに上がります。

　もう一つの重要な取組みは、受発注情報に係る電文フォーマットを標準化することです。現時点では、「送金指図」に格納する受発注情報等のデータ形式や内容等のフォーマットは各社バラバラであり、標準化していても業界単位にとどまっています。入金消込の効率化という観点だけでなく、後述のデータ活用の観点からも、受発注情報等に係るフォーマットの標準化は今後重要な取組みの一つとなります。

### 資金調達等の競争力向上

　「インターネット・バンキングの入出金取引明細画面で受発注情報をみられるようにする」という状態が生まれた場合の二つ目の利点は、「入出金と受発注情報が紐づいたデータを活用することで、たとえば、借りたい時に必要な資金を必要な金額借りることが容易になるなど金融サービスが便利になる」ことです。

　そして、利便性の高いサービスは、現在次々と台頭してきています。代表的なサービスは後述する「トランザク

ション・レンディング」です。ただし、「トランザクション・レンディング」は、「クラウド会計ソフト」[7]に「振込情報」と受発注情報が含まれれば、トランザクションデータとして十分であり、その受発注情報が「金融EDI」に基づくものか、「振込情報」とは別途入手したデータであるかを問いません。

これに対して、電子領収書といった「クラウド会計ソフト」を導入しただけでは享受できないデータ活用についても検討されています。

いずれにしても、データ活用は、今後企業が競争を勝ち抜いていくうえで避けて通れない戦略ツールです。自社や顧客の分析などあらゆる場面でより的確なデータに基づいて判断を行うことにより、顧客ニーズをとらえたビジネス展開を強化・促進できます。「XML電文」への移行を余計なコストの発生ととらえるか、これまで得られなかったデータを活用して競争力を強化する機会ととらえるかで企業の将来が大きく変わることになると理解することが重要です。

---

[7] パソコンにインストールするのではなく、インターネット経由で利用する会計ソフト。「クラウド会計ソフト」に対して、従来のパソコンにインストールするタイプの会計ソフトを「パッケージ型会計ソフト」ともいう。

## 2 決済インフラの進展とFinTechの台頭に係る本書の射程

前述のように、国内の企業間送金電文フォーマットの「XML電文」への移行といった「決済インフラの進展」と「クラウド会計ソフト」といったいわゆる「FinTechの台

図表1-3 企業の財務・決済プロセス全体の高度化とFinTechの台頭および決済インフラの進展に係る概要図

(出典) KPMG作成

頭」を背景に、企業の財務・決済プロセス全体の高度化が進んでいます。

これら二つの背景は、それぞれ独立して起こっているものではなく、「決済インフラの進展」が新たなFinTechサービスの台頭を促し、「FinTechの台頭」が決済インフラの利用を促すというかたちで相互に影響を与えながら発展していくという関係にあります（図表1－3参照）。

企業は、進展する決済インフラと台頭するFinTechサー

ビスを効果的に活用することにより、財務や決済に関連する業務プロセスを効率化・高度化できるだけでなく、「XML電文」による「送金指図」、振込入金通知および入出金取引明細（以下「送金指図等」という）に受発注明細等の商流情報を付加した「金融EDI」[8]に係るデータを活用することで、より機動的な資金調達や顧客ニーズの分析等が可能となり、企業の競争力向上につなげることができます。

　本書では、まず、決済インフラの進展として、第2章において「XML電文」への移行および「金融EDI」の導入を、第3章では「手形・小切手機能の電子化」を取り上げて解説します。次に、「FinTechの台頭」も交えながら、第4章において企業がこうした決済インフラの進展を効果的に活用するためのポイントについて解説します。最後に、決済インフラの視点に係るこれまでの議論について、2017年6月に政府が公表した「未来投資戦略2017」に掲げられた「企業の成長力強化のためのFinTechアクションプラン」（以下「アクションプラン」という）をベースに網羅的に整理します。

　なお、企業の財務・決済プロセス全体の高度化の動向と

---

8　EDIは「Electronic Data Interchange」の略で電子データの交換のこと。受発注情報などの商流情報を決済情報に係る送金電文にEDI情報として付記したものを「金融EDI」という。

高度化の進展の効果的な活用については、今後数年以内程度の時間軸を想定して検討されています。5年以上のより長期の時間軸でみた場合、現時点ではみえていない新しい決済サービスが登場する可能性が高いことやデジタル通貨[9]など以下の観点から構造的に決済インフラを転換してしまうことの影響をふまえて考察する必要があると考えます。

ただし、
・購入代金の支払をデジタル通貨で行う場合、既存の銀行システム（全銀システム）を経由しなくなるため、企業の財務・決済プロセス全体の高度化に係る議論自体が覆ります。
・銀行システムを経由しない企業間の金銭的価値の授受は、直接企業間同士でやりとりすることになるほか、送金電文もありませんので財務・決済プロセスが大幅に変わることになります（ただし、利便性の高いサービスが生まれる可能性もあります）。

現時点でそうした転換が起こる時期や影響の度合いについて正確に見通すことがむずかしいことから、本書では詳しく取り上げることはしていません。

---

[9] 本書では中央銀行等が発行する法定デジタル通貨、銀行などの民間が発行するデジタル通貨、およびビットコインに代表されるいわゆる仮想通貨を総称して「デジタル通貨」と呼ぶ。

## 3 財務・決済プロセスを高度化する FinTechの台頭

　企業の財務・決済プロセス全体の高度化を図るうえで前述のような「決済インフラの進展」と並んで重要な役割を果たすのが「FinTechの台頭」となります。

　「FinTechの台頭」が企業の財務および決済に係る業務プロセスにもたらした変化として、従来、大企業が受けていたキャッシュ・マネジメント・サービス[10]（CMS）などの高度な金融サービスに類似するサービスを後述する「クラウド会計ソフト」などにより、中小企業であっても手ごろな価格で利用することが可能になったことがあげられます。

　その他、後述する「eコマースサイト」における出店企業の売上データや会計ソフトの利用企業における会計ソフト内のデータをもとにした与信審査を通じて融資を受ける「トランザクション・レンディング」や、リテール投資家から直接資金提供を受けるクラウドファンディングの進展

---

10 「キャッシュ・マネジメント・システム」ともいう。企業グループ全体の財務機能（資金運用・調達）・資金管理機能の集約による、資金効率向上・業務合理化を図るためのキャッシュ・プーリングやグループ貸借管理、ネッティング、支払代行等のソリューション。

により、中小企業にも銀行融資以外の資金調達手段の利用が広がりました。

このセクションでは、企業の財務・決済プロセス全体の高度化につながる「FinTechの台頭」に係る外部環境の変化について解説します。

## (1) クラウド会計ソフトとオープンAPI

近年、顧客の委託に基づいて顧客が開設している「IB」に係る口座残高や入出金取引明細などの口座情報を顧客に提供するサービス（以下「参照系サービス」という）や顧客指示に基づく当該口座からの振込等の資金移動を顧客にかわって実施するサービス（以下「更新系サービス」という）が台頭してきました。主なサービス例としては、「家計簿アプリ」と「クラウド会計サービス」があり、それぞれ以下のような特徴があります。

### 家計簿アプリ

後述する電子決済等代行業者が提供する代表的な商品の一つである「家計簿アプリ」は、主として個人を対象に複数の口座残高を一括で管理することなどにより資産管理（PFM：Personal Financial Management）を支援するサービスです。

銀行や証券口座のほか、クレジットカード、電子マ

ネー、マイレージカードなどのポイントカードに関する情報の登録を行うと、口座残高や利用明細が自動的に取得・集約され、登録情報に限定はされるものの、家計簿や資産一覧の作成が可能です。

たとえば、PFMを提供する代表的な電子決済等代行業者である株式会社マネーフォワードでは、レシートを撮影することにより項目や店舗名が自動で家計簿に反映されるサービスのほか、一定額以上の入出金やカードの支払、毎月のサマリーレポートをメールで通知するサービスを提供しています。

## クラウド会計ソフト

「クラウド会計ソフト」も、バックオフィス業務の効率化によるコスト面でのメリットや実際の入出金等に係るデータ等に基づく財務コンサルティング機能といった利便性の高さから、従来のパッケージ型会計ソフトからの切替えや自社開発を含む外部会計ソフトをこれまで利用してこなかった企業による利用がふえています。

そして、情報を集約するほど利便性が高まる特性から、積極的に関連情報をデジタル化して会計ソフトに取り込んでいくインセンティブが高まっていきます。言い換えると、「クラウド会計ソフト」のユーザーである企業には、取引先から受領する商流情報をデジタル化するよう取引先

に呼び掛けたり、複数の取引先から受領するデジタル情報のフォーマットを統一したりする意欲が高まるでしょう。

## オープンAPIと電子決済等代行業者

「参照系サービス」や「更新系サービス」を手掛ける業者は、顧客から「IB」に係るIDおよびパスワードを預かったうえで、顧客になりかわって口座情報を取得したり、資金移動の指図を行ったりしていました（以下「スクレイピング」という）。しかし、2018年6月1日から施行された改正銀行法に基づいて、こうした業者は、「電子決済等代行業者」として金融庁に登録したうえで、顧客が口座を開設している銀行と契約を締結しなければ「参照系サービス」や「更新系サービス」を提供できなくなりました。

これにより、電子決済等代行業者には、情報の適切な管理を含む一定の業務管理体制の整備や財務基盤の整備が求められることになります。当該銀行と契約する場合、電子決済等代行業者は、顧客からIDおよびパスワードを預かるのではなく、銀行が提供するAPI[11]を通じて口座情報を取得したり、資金移動の指図を行ったりすることになりま

---

11 API（Application Programming Interface）とは、あるアプリケーションの機能や管理するデータ等を他のアプリケーションから呼び出して利用するための接続仕様等を指す。このうち他の企業等からの外部接続を可能としたAPIを「オープンAPI」と呼ぶ。

す（図表1－4参照）。

　サービス利用者としての企業の観点では、IDやパスワードを電子決済等代行業者に渡す必要がなくなったということですので、今後は、「参照系サービス」や「更新系サービス」を利用しやすくなったということになります。

　銀行にとっても、「スクレイピング」ではなく、オープンAPIを導入して電子決済等代行業者と契約を締結したうえで、連携・協働することにより、顧客に対して付加価値の高い決済サービスを提供することが可能になったといえます。

図表1－4　銀行法改正によって変わる電子決済の役割

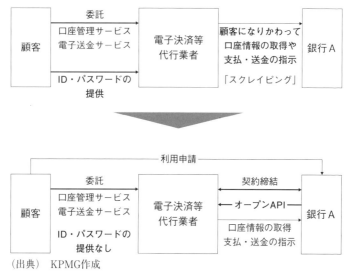

（出典）　KPMG作成

また、電子決済等代行業者は、通常、「参照系サービス」や「更新系サービス」のみを行っているわけではなく、それ以外のサービスと組み合わせながら、次のような利便性の高いサービスをユーザーである企業に提供しています。たとえば、「クラウド会計ソフト」では、企業の受発注から請求、入出金、決済・消込作業に至るプロセスを「STP」化する利便性が一つの付加価値となります。そのなかで「参照系サービス」や「更新系サービス」が果たす役割は「STP」化される一連のプロセスのなかの一つでしかありません（図表1－5参照）。

資金管理や財務管理に係るリソースが不十分である企業

図表1－5　クラウド会計ソフトの利用による決済プロセスのSTP化イメージ

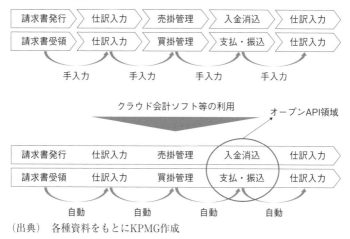

（出典）　各種資料をもとにKPMG作成

は、手ごろな価格でこうしたサービスを活用することについても検討する必要があると考えます。実際にこうした「クラウド会計ソフト」を活用してバックオフィス業務を効率化し、新規取引先開拓や取引先のフォローといったフロント業務へのリソース配分をふやすことで経営改善を実現した事例が、経済産業省の「ローカルベンチマーク活用戦略会議」においても取り上げられています[12]。

## (2) トランザクション・レンディング

「トランザクション・レンディング」は、一般的に店舗やインターネット上での販売・決済・在庫等の受発注情報に基づいて運転資金等の融資を受けることなどを指しています。たとえば、インターネット上のショッピングモール（以下「ｅコマースサイト」という）の運営者が店舗の売上動向や顧客からの評価等をもとに信用リスクを判断し、財務諸表等を徴求することなく、貸出限度額や金利、貸出期間を独自に設定して運転資金等を融資するといった例があります。使用するデータ源としては、主に「ｅコマースサイト」出店者の場合は「ｅコマースサイト」の運営者が保有するデータ、および会計ソフトの利用者の場合は会計ソフト内のデータの二つがあります。

---

12　http://www.meti.go.jp/committee/kenkyukai/sansei/local_bench/pdf/006_03_00.pdf

一般的な銀行融資と比べると、「トランザクション・レンディング」の場合は、提出する書類が限定的であること、担保が不要であること、審査期間が短いことが特長としてあげられます（図表1－6参照）。

　「eコマースサイト」の運営者は出品業者に関するさまざまなデータを入手でき、それを与信判断に活用できる立場にあります。具体的には、①出品業者のリアルタイムの販売状況、②納品の迅速さや商品説明の妥当性およびアフターサービスなどに関する顧客からの評価コメント、および③出品業者の商品の保管や発送を代行する「eコマースサイト」の場合は出品業者の在庫の動向、などのデータが与信に利用されています。

　日常的に店舗の売上動向等を把握できている企業に対する融資では、ごく短期間の審査で融資判断を行うことが可

図表1－6　トランザクション・レンディングと銀行融資の特徴比較

|  | トランザクション・レンディング | 銀行融資 |
|---|---|---|
| 返済能力の把握方法 | 日々の売上げ・決済データ（≒金融EDI情報） | 決算書を含む多数の提出書類 |
| 担保・保証 | 原則不要 | 必要（資産の把握も必要） |
| 審査期間 | 短い | 長い |

（出典）　KPMG作成

能であり、中小企業にとっても小回りの利く資金調達手段として利用が広がっています。米アマゾンの場合、2014年から米英日の３カ国で「ｅコマースサイト」の出品業者向けのローンの取扱いを開始し、累計実行額は30億ドルを超えたとされています。

　現在、銀行が注目しているのが、ネット経由で取得した会計データを利用した融資です。銀行が会計処理サービス会社から直接データを取得することで、借り手は銀行に決算書を提出する手間が不要となる仕組みになっています。このため、銀行は年度ベースだけでなく、月次ベースの売上げや損益動向を把握できるようになり、迅速で的確な審査を行えるようになります。今後は、家計簿アプリと連携した個人版の「トランザクション・レンディング」が登場する可能性も考えられます。

　米国では、会計データや預金口座の資金決済の明細などの情報提供を借り手に求め、迅速な融資を実現するノンバンクが登場しています。こうした融資も「トランザクション・レンディング」として位置づけられます。

　今後国内においては「XML電文」の導入に伴う「金融EDI」情報の充実が進展すると見込まれますが、入金情報に商流情報を紐づけられる「金融EDI」も含め自身の経済活動に係る情報がデジタル化されていくことで、そのようなデジタル化された企業活動に係る情報の活用事例の一つ

として「トランザクション・レンディング」が脚光を浴びるようになるかもしれません。

# XML電文への移行と
# 金融EDIの導入

# 1 現行の国内決済システム

　「XML電文」への移行および「金融EDI」の導入について解説する前に、まずは現行の国内の決済システムについて、「XML電文」にかかわる分野を中心に解説します。

## (1) 内国為替取引

### 資金決済

　一般的に、商取引において、購入者は、取引の対象である商品やサービスの対価として金銭的価値を販売者に移転します。この金銭的価値の移転を「資金決済」といいます。「資金決済」の手段には、主として「現金」による決済と「為替取引」があります。通常、「現金」による決済は、販売者に対して「現金」を直接引き渡すことで完了します。

　「資金決済」手段としては、資金決済に関する法律（以下「資金決済法」という）に規定する前払式支払手段、いわゆるプリペイドカードなどのプリペイド型の支払手段やクレジットカード等による支払方法が考えられます。しかしながら、これらは「資金決済」の時点が商品やサービス

の引渡し時点より事前であるか事後（後日）であるかといった「資金決済」のタイミングを変えているにすぎません。プリペイド型支払手段の場合は、「事前」に「現金」による決済または「為替取引」による決済をすませておくことになり、クレジットカードによる支払の場合は、「後日」、「現金」で支払うか、口座引落し等により「為替取引」による支払を行うことになます。

## 為替取引

「為替取引」とは、個人や企業の間で「現金」を直接授受することなく、資金の受渡しを行うことをいい、通常、金融機関が決済システム等を通じてその仲介を行います[1]（図表2-1参照）。

「為替取引」には、日本国内において円通貨による資金の受渡しを行う「内国為替取引」と、円と米国ドルなど異なる通貨を交換する「外国為替取引」があります。本書において取り上げる「XML電文」は国内の企業間送金を対象としていますので、「内国為替取引」の範囲に入ります。したがって、本書では「外国為替取引」については取り上げていません。

---

[1] 銀行法上、「為替取引」は銀行固有業務として免許を受けた銀行のみが提供できる。ただし、資金決済法に基づいて登録を行った「資金移動業者」は、政令で定める金額（執筆時点では100万円）以下であれば、為替取引を業として営むことができる。

図表2-1　現金決済と為替取引

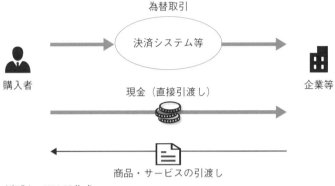

(出典)　KPMG作成

## 内国為替取引

「内国為替取引」の典型例は、銀行振込です。銀行などの預金取扱金融機関（以下「銀行」という）は、支払人の銀行口座残高を送金額分減らし、受取人の銀行口座の残高を同額増やすことで「為替取引」を提供しています。

「内国為替取引」の種類としては、受取人の預金口座に入金する「振込」以外にも、送金小切手等により受取人に支払を行う「送金」、手形・小切手等の証券類の取立を行い、代り金を入金する「代金取立」があります。

これらの「内国為替取引」の取扱件数および金額では、圧倒的に「振込」の割合が多くなります（図表2-2参照）。「XML電文」への移行対象となる「為替取引」は、

図表2-2　国内における振込、送金および代金取立の取扱い件数
　　　　　および金額

(単位：千件、億円)

| 年 | 振込 | | 給与振込 | | 送金 | | 代金取立 | |
|---|---|---|---|---|---|---|---|---|
| | 件数 | 金額 | 件数 | 金額 | 件数 | 金額 | 件数 | 金額 |
| 2007 | 1,101,715 | 25,609,260 | 240,413 | 492,115 | 22 | 88 | 11,122 | 176,920 |
| 2012 | 1,161,852 | 25,826,026 | 291,764 | 578,007 | 16 | 69 | 7,258 | 115,022 |
| 2017 | 1,253,837 | 27,850,931 | 335,298 | 667,200 | 8 | 53 | 5,108 | 88,588 |

(出典)　全国銀行協会「決済統計情報」

企業間送金のうち「総合振込」の一部であり、この区分のなかでは「振込」の範囲に入ります。なお、上記「送金」および「代金取立」の主たる手段である手形・小切手については、第3章第2節「手形・小切手機能の電子化に向けた取組み」で説明します。

### 振込の仕組み

「内国為替取引」の中心的取引である「振込」の仕組みは、支払人と受取人が同じ銀行の預金口座である場合（以下「自行振込」という）と、異なる銀行の預金口座間である場合（以下「他行振込」という）で大きく異なります。

「自行振込」の場合、当該銀行が支払人と受取人の預金口座残高を増減させることで「為替取引」は完了します。

これに対して、支払人と受取人の預金口座が異なる銀行に開設されている「他行振込」の場合は、支払人と受取人の預金口座残高を増減させることに加えて、当該銀行間で

も実際に金銭的価値の移転（以下「資金清算」という）を行う必要があります。

たとえば、X銀行に預金口座をもつ支払人AがY銀行に口座をもつ受取人Bに対して100万円を振り込む「為替取引」を行う場合、X銀行とY銀行の間で主として二つのやりとりが発生します。

一つは、X銀行からY銀行に対してBの預金口座の残高を100万円ふやすよう「通知」を出すことです。この銀行間の「通知」のことを「為替通知」といいます。「為替通知」を発出するX銀行がAの預金口座の残高を100万円減らし、「為替通知」を受け取ったY銀行がBの預金口座の残高を100万円ふやすことで、支払人Aと受取人Bの間の「為替取引」は完了します。

もう一つは、X銀行からY銀行に対して実際に100万円分の「資金清算」をすることです（「自行振込」であれば、送金銀行と受取銀行が同一なので、行内の「通知」に相当する手続はあるにせよ、実際に資金を移転させて「資金清算」する必要はない）。

### 内国為替制度

「他行振込」において「仕向銀行」[2]と「被仕向銀行」[3]の間で行われる「為替通知」と「資金清算」の二つのやりとりは、「他行振込」に係る銀行の組合せが、どちらが

「仕向銀行」・「被仕向銀行」となるかも含めて何通りもあるうえに、1日当りの取扱件数も膨大であることから、直接かつそのつどやりとりすることは現実的ではありません。

　また、「振込」以外の「送金」や「代金取立」といった「内国為替取引」についても、取引フローのすべてではないにせよ、「為替通知」や「資金清算」が発生する場面が存在します。

　そこで、「内国為替取引」に係る「為替通知」と「資金清算」を集中処理する清算機関を構築し、「仕向銀行」は、「被仕向銀行」に対して直接「為替通知」を行うのではなく、すべての「為替通知」を清算機関に対して行い、「資金清算」についても、一定時間の取引をまとめて各銀行の組合せごとに相殺（ネッティング）して差引金額を算出（以下「時点ネット決済」という）した後に、当該差引金額分について「清算機関」を相手方として各銀行が清算する「内国為替制度」が構築されました。

　この「内国為替制度」の中核となるのが「全銀システム」です。

---

2　顧客から「振込」や「送金」等の依頼を受ける銀行を「仕向銀行」という。本文中の例では、送金依頼人であるAが送金依頼を行うX銀行が「仕向銀行」となる。

3　「振込」や「送金」等を受ける顧客の銀行を「被仕向銀行」という。本文中の例では、受取人Bが振込を受け取る預金口座を開設しているY銀行が「被仕向銀行」となる。

## ⑵ 全銀システム

### 全銀システムの概要

「内国為替制度」の中核である「全銀システム」は、「全銀ネット」により運営されています。「全銀システム」は、加盟銀行を通信回線で結び、銀行間で授受される「振込」等に係る「為替通知」に関するデータを集中的に処理するためのシステムです。特徴としては、「為替通知」が銀行間で授受されるのと同時に、ほぼリアルタイムで受取人の口座に資金が入金されるという迅速性があげられます。ただし、この場合のリアルタイムとは、「全銀システム」の稼働時間中という意味になります[4]。

これまで「内国為替制度」におけるITを活用した高度化は、ほぼそのまま「全銀システム」の高度化と同義でした。1973年4月に「全銀システム」が稼働して以降ほぼ8年おきに大規模な更新を実施し、直近では2011年11月に第6次全銀システムが稼働しました。その間も、「内国為替制度」の中核は「全銀システム」のままでした。

「全銀システム」では銀行間の「為替通知」は、直接銀

---

[4] 2018年10月のモアタイムシステム稼働後は仕向銀行および被仕向銀行の双方がモアタイムシステムに接続している時間帯も「為替通知」をリアルタイムに授受することが可能となるため、リアルタイムの着金が可能になると考えられる。詳細については174ページを参照。

行間で授受されるのではなく、「全銀システム」を経由して、「仕向銀行」から「被仕向銀行」に送られます。「為替通知」の電文フォーマットは、「全銀システム」を運営する「全銀ネット」が定める全銀フォーマットにのっとって作成されます。この全銀フォーマットに、本書にこれまでもたびたび登場していた「固定長電文」という方式が採用されています。

また、「内国為替制度」では、「為替取引」に伴って生じた銀行間の債権債務を、加盟銀行と「全銀ネット」との間の債権債務関係に引き直したうえで、日本銀行に開設した「全銀ネット」と加盟銀行の当座預金口座の間の振替によって振替決済を行っています。

### 全銀ネット

「全銀システム」を運営している「全銀ネット」は、東京銀行協会によって運営されてきた内国為替運営機構(1973年発足)を引き継いで、資金清算業を行うために免許を求める改正資金決済法(2010年4月施行)に基づく資金清算機関として2010年4月に設立され、同年9月に当該免許を取得し、同年10月から業務を開始しました。

「全銀ネット」には、2018年9月現在で直接清算参加者144法人、間接清算参加者(代行決済委託金融機関)1,132法人および客員2法人が参加しています。

また、「全銀ネット」は、2012年4月に国際決済銀行・支払決済システム委員会（BIS／CPSS、現：決済・市場インフラ委員会（CPMI））と証券監督者国際機構（IOSCO）専門委員会から公表されたFMI原則（金融市場インフラのための原則）[5]における「システミックに重要な資金決済システム」（Systemically Important Payment Systems）に該当し、同原則に基づき情報開示を行っています[6]。当該原則は、グローバル金融市場を支えるインフラを頑健なものとし、金融ショックに十分耐えうるものとすることを意図して策定されています。

　2015年12月に公表された金融審議会「決済業務等の高度化に関するワーキング・グループ報告」（以下「決済高度化WG報告」という）において、継続的な決済イノベーションのための銀行界における体制整備として「現在、利用者の声を直接聞く器として設置している『全銀ネット有識者会議』を改組等した上で、関係業界も含めて官民で議論を行うためのラウンドテーブルを全銀協に設置する」などが提言されたことをふまえて、「全銀ネット有識者会議」（以下「有識者会議」という）の運営方法が以下のように見直されました（図表2－3参照）。

---

5　FMIは「Financial Market Infrastructures」の略。原文はhttps://www.bis.org/cpmi/publ/d101a.pdf。
6　https://www.zengin-net.jp/company/pdf/170731pfmidisclosure.pdf

図表2－3　全銀ネット有識者会議の今後の運営方法の要点の新旧比較

|  | 従来 | 見直し後 |
| --- | --- | --- |
| 運営方法 | 単年度完結型 | 継続検討型 |
| 構成メンバー | 銀行界＋有識者（原則1名あるいは1社） | 銀行界＋有識者（複数名）＋官民 |
| 議事要旨等 | 非公表 | 公表 |
| 開催頻度 | 年1回<br>検討部会(注)での事前ヒアリングなし | 検討部会におけるヒアリング（複数回）＋有識者会議 |

(注)　理事会のもとに設置されている業務・システム委員会に設置されている実務者クラス（次課長級）で構成される会議体。役員クラス（専務・常務級）で構成される有識者会議よりも機動性に優れている。
(出典)　全銀ネット資料をもとにKPMG作成

「有識者会議」において「XML電文」への移行および「金融EDI」の導入に向けた具体的な取組みとして、リーフレットの作成や説明会の実施および中小企業庁との連携などが議論されています。

## 送金電文

支払人の送金指図等を電文フォーマットに従って作成したものが「送金電文」となります。現在進められている「固定長電文」から「XML電文」への移行の対象とされているのは、銀行と「全銀システム」の間でやりとりされる「為替通知」ではなく、企業と銀行との間の「送金指図」

図表2－4　為替取引に係る電文の流れとXML電文化の対象

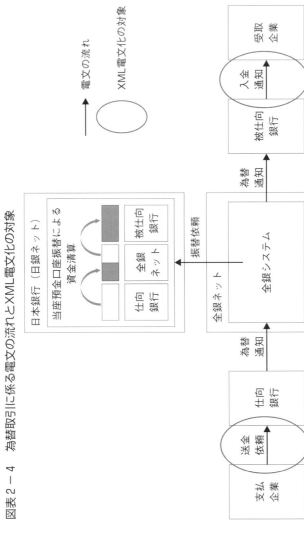

(出典)　全銀ネット資料をもとにKPMG作成

に係る「送金電文」または、入金通知や入出金取引明細の照会に使われる「送金電文」になります（図表2-4参照）。

「全銀システム」と銀行の間でやりとりされる「為替通知」は、「XML電文」への移行への対象ではなく、現行の「固定長電文」のままとなります。

本書において取り上げるもう一つのテーマである「手形・小切手機能の電子化」（第3章）にかかわる現行の紙の手形・小切手は、「内国為替取引」に含まれますが、「振込」ではなく、「送金」や「代金取立」において用いられる代表的な手段になります。「手形・小切手」の仕組みについては後述します。

### 為替通知

企業から銀行への「送金指図」に係る「送金電文」は、「為替通知」として「全銀システム」に送られます。その後、「全銀システム」で実行されることは大きく二つに分かれます。一つは、「仕向銀行」から受信した「為替通知」を「被仕向銀行」に送信することです。もう一つは、1日分の「為替取引」によって生じた銀行間の債権債務をネッティング（相殺）した清算金額を日本銀行が運営する日銀ネット[7]に通知し、「全銀ネット」が相手方となって、「仕向銀行」および「被仕向銀行」の当座預金口座の残高を増

減させて「資金清算」を行うことです。

　「全銀システム」から「被仕向銀行」への「為替通知」は、リアルタイムで行われます。「為替通知」を受けた「被仕向銀行」は、通常、リアルタイムで受取人の預金口座残高をふやします。これに対して、日銀ネットへの通知は、通常、1日1回です。このため、電文上の資金移動と銀行間の資金移動に時差が発生することになりますので、「決済リスク」が発生します。この「決済リスク」への対策として「全銀システム」では、加盟銀行に担保提供や保証供与を求めたり、流動性供給制度や仕向超過額管理制度を整備したりしています。

　ただし、1件当りの送金額が1億円以上の大口取引の場合は、「送金指図」ごとに決済に必要な情報が「全銀システム」から日銀ネットに通知されリアルタイムで銀行の当座口座間の増減が行われます。この仕組みは、RTGS（即時グロス決済）[8]と呼ばれ、2011年11月の第6次全銀システ

---

7　「日本銀行金融ネットワークシステム」の略。日本銀行と金融機関との間の資金の決済をオンライン処理により行うことを目的として構築された、日本銀行が運営しているネットワークのこと。日銀ネットの機能には、資金決済システムである「日銀ネット当預系」と、国債決済システムである「日銀ネット国債系」がある。このうち、日銀ネット当預系では、金融機関などが日本銀行に開設している日本銀行当座預金の間の資金の振替によって、短期金融市場での取引、国債取引に係る資金決済や、全国銀行内国為替制度、手形交換制度、外国為替円決済制度などの民間決済システムにかかわる資金決済が行われている。

8　「Real-Time Gross Settlement」の略。

ムの稼働時より導入された制度です。

　「他行振込」に対して「自行振込」については、「全銀システム」を経由することなく「為替取引」が完了します。「自行振込」よりも「他行振込」の振込手数料が高くなる背景にはこうした仕組みを構築・維持するための費用が発生することが要因の一つとなっています。

　「自行振込」については「全銀システム」を経由しないため、24時間リアルタイムでの入金が理論的には可能ですが、実際の対応は銀行ごとに異なっています。

　「為替通知」には、「全銀システム」を利用する方法以外に郵便（メール振込[9]）や手形交換（交換振込[10]）などを利用する「文書為替」があります。また、「全銀システム」を利用する場合も振込1件ごとに「為替通知」をやりとりする「テレ為替」[11]と複数件の先日付の振込をまとめて通

---

9　メール振込は、仕向銀行が振込票を作成のうえ被仕向銀行に郵送し、被仕向銀行は振込票をもとに受取人口座へ入金する。資金決済は、被仕向銀行が仕向銀行へ全銀システム（テレ為替）経由で資金請求電文を発信し、仕向銀行に請求する。

10　交換振込は、仕向銀行が振込票を作成し、振込票を手形交換所の文書交換により被仕向銀行に送付する。資金決済は、手形交換を利用して被仕向銀行に請求する仕組みとなっており、為替通知の授受・資金決済とも全銀システムを利用することなく行われる。

11　テレ為替とは、全銀システムを通じて為替通知を1件ごとにオンラインリアルタイムで発受信するもので、振込、送金、代金取立、その他の金融機関間における資金の付替えなど、複数の通信種目がある。振込や送金の場合には、依頼人から依頼を受けた仕向銀行が、被仕向銀行へ為替通知を発信する。また、代金取立の場合には、手形等の取立を行った金融機関が取立を依頼した金融機関へ為替通知を発信する。

知する「MTデータ伝送または新ファイル転送」[12]があります。従来は「MTデータ伝送」が使われていましたが、第6次全銀システムから「新ファイル転送」に置き換えられました（図表2－5参照）。

「XML電文」への移行対象となるのは、すべての「為替取引」ではなく、一定の企業間送金となります。たとえば、送り手か受け手の一方が個人である場合や、企業間送金の場合でも、「給与振込」などEDI情報が必要ない「為替取引」については「XML電文」への移行の対象外となっています。言い換えると、2020年に「固定長電文」が全面的に廃止されるわけではなく、2020年以降も「XML電文」への移行の対象外となる「為替取引」については「固定長電文」を使った「送金指図」等が行われることに

図表2－5　為替通知の種類別の全銀システムの利用

| 為替通知の種類 | 為替通知 | 資金決済 |
|---|---|---|
| テレ為替 | 全銀システム経由 | 全銀システム経由 |
| MTデータ伝送／新ファイル転送 | 全銀システム経由 | 全銀システム経由 |
| メール振込 | 郵送など | 全銀システム経由 |
| 交換振込 | 手形交換所経由 | 手形交換所経由 |

（出典）　全銀ネット資料等をもとにKPMG作成

---

12　MTデータ伝送は、複数の為替通知データを一括して送受信するもの。第6次全銀システムからMTデータ伝送の後継として新ファイル転送システムを導入。大幅に処理性能が向上した。

なります。

## (3) 総合振込

### インターネット・バンキングとファームバンキング

本来「内国為替取引」は、企業だけでなく個人も日常的に利用していますが、「XML電文」への移行の対象となっているのは、企業間送金に使われる「総合振込」の一部となっています。

まず、企業間送金の現状について解説します。個人のインターネット・バンキングに相当するサービスとして法人口座の場合には、「IB」と「FB」[13]が2種類あります。いずれもオンラインで「送金指図」を出したり、入出金取引明細を照会したりすることができ、サービス内容に大きな差はありません。

「FB」は、インターネットが発展する前に法人が銀行の店頭に赴くことなくオンラインで銀行サービスを利用できるようにしたことから始まっており、専用端末を企業内に設置したうえで、銀行システムとは専用回線で接続することが基本となっています。

---

13 「エレクトロニック・バンキング」（EB）という呼称もある。EBはIBとFBの総称とされている場合と、FBと同じ意味とされている場合の両方あるが、本書ではいずれであるかを定義することはせず、EBという用語を使用しない。

現在では、インターネットを通じて銀行システムに接続する「FB」も出てきているものの、インターネットの発展前に導入された「FB」を中心に専用回線としては、ISDN[14]または一般公衆電話網を利用するケースが多いことが特徴としてあげられます。

　一般社団法人全国銀行協会（以下「全国銀行協会」という）の資料によると、「FB」におけるISDNの利用（契約）者数および月間取引（処理）件数[15]は、3メガバンクの延べ数でそれぞれ約10万先および約1億件とされています。

　ただし、インターネットの発達とともに、PCなどの汎用端末からインターネット回線を通じて銀行システムと接続する「IB」が選択されることがほとんどになるとともに、「FB」自体もインターネット回線を利用したり、専用端末でなくとも利用できたりするなど、「IB」と「FB」の差はなくなってきています。

---

14 「Integrated Services Digital Network」の略。ISDNとは、送受信する信号をデジタル化した電話網のこと。一般家庭向けに1988年からNTTグループがサービスを提供し始めたINSネット64は、アナログ回線2本分が利用でき、アナログモデムよりも高速通信が可能だったため、インターネットが普及し始めた1990年代後半に、インターネット接続回線として、急速に契約数を伸ばしたが、2000年頃からはADSLやFTTHなどのブロードバンドサービスに移行している。
15　照会取引（残高照会、入出金取引明細照会）等も含む。

## 総合振込

「固定長電文」から「XML電文」への移行の対象とされている「振込」は、法人が取引先との資金決済に使うことが多い「総合振込」の一部です。

法人が行う「振込」には、1件ごとに「送金指図」を行う「都度振込」(銀行によっては振込振替などとも呼ばれることがある) と複数の「送金指図」をまとめて行う「総合振込」・「給与振込」とに大別されます。「都度振込」は、基本的に銀行のシステム稼働時間内であれば振込依頼後、リアルタイムで受取人口座に着金します。

一方、「総合振込」・「給与振込」は振込指定日 (受取人口座に着金する日) より前に「送金指図」を行う必要があります。銀行によって取扱いは異なりますが、一般的に、「総合振込」は、振込指定日の前営業日まで、「給与振込」は3営業日前までが「送金指図」の期限となっています。「総合振込」と「給与振込」の違いは「送金指図」期限のほかに取扱手数料の違い (一般的に「給与振込」手数料のほうが「総合振込」手数料より安価) や、「給与振込」の場合、受取人が通帳記帳した際に振込依頼人名ではなく「給与 (キュウヨ)」と表示されることがあげられます。

企業間の取引においては、毎月月末締めの翌20日払いといったように、支払日が契約によって事前に定められてお

り、所定日に複数の「振込」をまとめて行うケースが多いため、主に「総合振込」によって対応されています。企業内における従業員宛ての立替経費支払も同様の理由から「総合振込」で対応しています。企業において「都度振込」が用いられるのは、緊急時対応または、振込件数が「都度振込」の業務に対応可能な件数である場合に限られるといえます。

「総合振込」の依頼方法には、紙の振込依頼書に記載をして窓口に持ち込む方法などもありますが、一度に依頼する振込の件数が大量になると、より効率的な振込依頼方法が求められます。このような場合に、「IB」や「FB」が広く利用されています。

「FB」では、企業内に設置されているコンピュータ（ホストコンピュータなどと呼ばれる）や専用ソフトをインストールした企業内PCから電話回線を通じて金融機関のサーバにアクセスを行い、振込依頼用データのファイルを送信する「一括ファイル伝送」が用いられ、各金融機関が提供するインターネットの専用ホームページにアクセスを行う「IB」[16]では、振込依頼用データのファイルをアップロードして送信する方法（ファイルアップロード）とホー

---

16 一括ファイル伝送には、各取引金融機関に個別に接続する「個別金融機関接続」と、複数金融機関向けのデータを一括で処理する「共同センター経由」がある。

ムページ上の面面で直接振込依頼データを作成する（画面入力）方法の二つがあります。

　「一括ファイル伝送」であっても「IB」であっても、振込依頼用データのファイル形式は一律に定められており、これを全銀フォーマットといいます。今回、「XML電文」への移行対象となるのは「一括ファイル伝送」のうち個別金融機関接続の場合と、「IB」のうちファイルアップロード・ダウンロードの場合となります。

　なお、「給与振込」についても「総合振込」と類似したファイル形式が定められていますが、「金融EDI」情報欄は設定されていないため、「XML電文」への移行対象外となっています。この点について、たとえば「給与振込」の時限に間に合わず、「総合振込」の形式で給与の支払を行う場合等、「XML電文」移行後はファイル形式が異なってしまうことに留意が必要となります。

# 2 XML電文と金融EDI

## (1) XML電文

### マークアップ言語

「XML電文」とは何かということを説明する前に、まずは「XML」について説明します。「XML」とは、「eXtensible Markup Language」の略称で「マークアップ言語」[17]の一つです。「extensible」はこの場合「拡張可能な」と訳されます。つまり「XML」は直訳すると「拡張可能なマークアップ言語」ということになります。ここで「拡張可能な」ものは、後述のデータの意味づけです。

次に、「マークアップ言語」とは、データ等を構造化する、言い換えるとデータに意味を与えるためのコンピュータ言語です。こうしたデータの構造化には「<」や「>」などの「タグ」と呼ばれる特殊な文字列を使用します。た

---

17 「XML」以外にも「HTML」といったマークアップ言語がある。「HTML」とは、「Hyper Text Markup Language」の略でWebページを記述するための表示用言語である。「HTML」も「タグ」を使うが「<head>」や「<title>」など決められた種類のタグしか使えないため「拡張的な」マークアップ言語ではない。

とえば、「<商品名>」という開始タグと「</商品名>」という終了タグ[18]に挟まれたデータは、「商品名」を表しているとコンピュータは認識することができるようになります。これにより、異種のコンピュータ間での文書の互換を可能にしています（図表2－6参照）。

図表2－6　XMLフォーマットのイメージ

```
             <支払情報>
振込情報  ・・・       被仕向銀行名、受取人名、振込金額等
             ・・・
             <支払明細>
               <EDI情報>
                 <注文明細>
                   <注文番号>1</注文番号>
                   <商品名>おいしい水　500ml</商品名>
                   <個数>10</個数><消費税>8%</消費税>
                   <金額>1200<./金額><単位>円</単位>
                 </注文明細>
EDI情報          <注文明細>
(可変長)           <注文番号>2</注文番号>
                   <商品名>単4電池</商品名>
                   <個数>4</個数><消費税>8%</消費税>
                   <金額>324<./金額><単位>円</単位>
                 </注文明細>
               </EDI情報>
             </支払明細>
振込情報・・・
             </支払情報>
```

(出典)　全国銀行協会資料をもとにKPMG作成

---

18　データの意味を「<タグ名>」と「</タグ名>」で挟んで表すが、「XML」はタグ名を自由に設定できるのに対してHTMLは決められたタグ名しか使えない。

なお、「XML」が最も優れた「マークアップ言語」であるというわけではありません。まず、「マークアップ言語」のメリットは、コンピュータ間で「データ交換」する時に、データを構造化し、意味を与えることができるという点にあります。つまり、あくまで「データ交換」が行われる際に「マークアップ言語」が役に立つので、たとえば、インターネットに接続しないコンピュータに「XML」を使う必要はありません。また、交換するデータを構造化する必要がなければ「CSV」[19]などの方式で「データ交換」したほうが送信するデータ容量が少なくてすみます。

　また、高度な数式を扱ったり、電子カルテに使ったりするなど特殊な用途には特殊な「マークアップ言語」のほうが適しています。さらに、同機種のコンピュータ間のみで「データ交換」する場合は、メーカー独自の「マークアップ言語」のほうが利便性は高いと考えられます。したがって、「XML」は、一般的な内容のデータを「拡張可能な」方法で意味づけさせながら異種コンピュータ間で「データ交換」する際に有用ということになります。

---

[19] 「Comma Separated Value」の略で、情報を「,」（カンマ）で区切って、情報のまとまりごとに改行して記述する言語。データ容量が少ないため「XML」よりも処理速度が上がるが、「XML」のようにタグをもとにデータを取捨選択したり、必要なデータだけを処理したりすることは困難となる。

## ISO20022

　このように柔軟性や拡張性に優れたコンピュータ言語である「XML」は、1998年に登場した後、「XML」ベースの通信メッセージ規格が乱立しました。「ISO20022」は、この状況を改善するために、ISO（国際標準化機構）が2004年に制定した金融業務分野全般において横断的に適用できる「XML」ベースの通信メッセージの国際標準規格です。

　従来の通信メッセージ規格が「HTML」のようにあらかじめメッセージ作成のための構文の仕様を詳細に定めるのに対し、「XML」ベースの「ISO20022」は構文を作成する際の基本的な技術・方法のみを定めるアプローチを採用しました。このため、業務プロセスのモデル化から具体的な通信メッセージの作成という実装手順が可能となる[20]ことや、既存の通信メッセージについても「ISO20022」メッセージへとつくりかえることが可能という技術的な特徴をもっています。

　これらにより、従来の規格に比べて柔軟性や拡張性に優れたデータ活用が期待できるようになり、「ISO20022」に

---

20　通信メッセージが柔軟性に乏しい場合、業務プロセスは通信メッセージの仕様にあわせる必要が生じ、業務プロセスのモデル化に制約が生じるため、当該モデル化を通信メッセージの作成後に行う必要がある。

基づく「XML」ベースの金融通信メッセージ規格は、欧州などの主要決済インフラにおいて導入が進められてきました。近年、従来規格を廃止し「XML」規格に統一する動きが加速しています。

### 日本におけるXML電文

日本における「XML電文」への対応は、「決済高度化WG報告」の公表よりも前に始まっています。2011年の第6次全銀システム導入時に、「ISO20022」に基づく「XML」ベースの通信メッセージ規格を導入したものの、利用実績は限定的でした。

その後、「決済高度化WG報告」において、企業間送金の「送金指図」等に係る「送金電文」について、2018年頃の「XML電文」への移行と従来規格である「固定長電文」の2020年までの廃止が提言されたことを受けて、現在、全国銀行協会が主体となって「XML電文への移行」に向けた取組みが進められていることはすでに述べたとおりです。これ以降、本書において「XML電文」とは、特に断りのない限り、現在全国銀行協会が主体となって移行に取り組んでいる「送金指図」フォーマットを指すこととします。

2018年12月25日にサービスを開始する予定の「XML電文」は、「全銀システム」とは別に新しいシステムを構築することにより提供されます。このため、「XML電文」に

係るデータの流れは、全体として「固定長電文」に係るデータの流れと大きく異なるものになるほか、銀行の「XML電文」への対応状況によって当該流れが変わるといったことも生じています。

## XML電文の特徴

「XML電文」を導入する最大の目的は、「送金電文」等に格納できるデータ量をふやすことにあります。加えて、金融通信メッセージ規格に関する国際標準である「ISO20022」に準拠していることから、海外の決済システムと高い互換性をもたせることがあります。

まず、「固定長電文」から「XML電文」へ移行することにより、「送金電文」に格納できる情報量が飛躍的に増加します。多くの情報を授受できるようになることで、「振込」に必要な振込情報だけでなく、「振込」と結びついている受発注情報といった商流情報を「送金指図」と一緒に送ることが可能となります。

「送金電文」に受発注情報が含まれることは受取側の企業にとって、入金に係る消込作業の負担軽減につながると考えられるほか、支払企業にとっても受取企業からの問合せが減ることが見込まれています。

その他、受発注時の取引先企業とのやりとりについても電子化することにより、決済に至るまでデジタルで処理可

能になると、一連の取引をシームレスにSTP処理することが可能になり、企業の財務・決済プロセスの効率を大幅に向上させることができます。

「XML電文」の導入自体は、最終的な目標ではありません。「送金電文」等に格納できるデータ量の拡大を活用して、商流情報が含まれる「金融EDI」データに基づくトランザクション・レンディングといった融資サービスの活用等を通じて企業の競争力を高めることが目的の一つとなっています。

### 固定長電文

現在、国内における企業から銀行への「送金指図」等に係る「送金電文」は、「固定長電文」で作成されています。

図表2－7　固定長（総合振込）レコードフォーマット

データ・レコード（計120桁うちEDI20桁）

| データ区分<br>（1桁） | 銀行番号<br>（4桁） | 被仕向銀行番号<br>（15桁） | 支店番号<br>（3桁） | 被仕向支店名<br>（15桁） |
|---|---|---|---|---|
| 2 | 0123 | XXXギンコウ | 123 | XXXXXXXXX |

| 振込金額<br>（10桁） | 新規コード<br>（1桁） | EDI情報<br>（20桁、固定長） |
|---|---|---|
| 001000000 | 1 | 012345ABCDEFGアイウエオカキ |

（出典）　全国銀行協会資料をもとにKPMG作成

「固定長電文」は、固定長という用語が示しているように、「送金電文」の長さ、言い換えると「送金電文」に格納できるデータ量の上限が固定されています。具体的には、振込情報以外の「EDI情報」として格納できるデータ量の上限は、半角20桁となっています。このため、受発注情報といった商流情報を「送金電文」に格納することはむずかしく、振込情報と商流情報を連携させることは困難でした（図表2－7参照）。

　これに対して「XML電文」は、「送金電文」の長さなどを柔軟に設計・変更することが可能です。「固定長電文」と比較する場合の「XML電文」の特徴は、「拡張可能」であることではなく、電文の長さを変えられる「可変長」であることです。

| 手形交換所<br>（4桁） | 預金種目<br>（1桁） | 口座番号<br>（7桁） | 受取人名<br>（30桁） |
|---|---|---|---|
| 4567 | 1 | 1234567 | XXXXXXXXX |

| 指定区分<br>（1桁） | 識別表示<br>（1桁） | ダミー<br>（7桁） |
|---|---|---|
| 7 | Y |  |

## XML電文への移行の範囲

「XML電文」への移行が予定されている「固定長電文」は、銀行と「全銀システム」の間でやりとりされる「為替通知」ではなく、企業間送金のうちの「総合振込」の一部について企業と銀行の間においてやりとりされる「送金電文」の一部となります（図表2‐8参照）。

支払企業からみると、「FB」の「一括ファイル伝送」のうち「個別金融機関接続」型の「総合振込」と「IB」の「総合振込」のうちファイルアップロード方式が「XML電文」への移行対象となる取引となります。

取引相手の企業が「FB」の「個別金融機関接続」型の「一括ファイル伝送」や「IB」のファイルダウンロードに対応していない場合、振込自体は完了しますが、「金融EDI」情報は、取引相手に届かないことになります。

反対に、受取企業からみると、自身が「XML電文」に対応していたとしても、支払企業となる取引相手が「XML電文」に対応していない場合は、「金融EDI」情報を受領することができません。

また、「IB」の場合は、「仕向銀行」および「被仕向銀行」の両方が「XML電文」に対応している必要があります。「仕向銀行」または「被仕向銀行」のいずれかが「XML電文」に未対応の場合は、たとえ支払企業および受

図表2-8　XML電文が利用できる振込の種類

〈振込の方法（支払企業）〉

| サービス種別 | チャネル | | XML電文への移行対象 |
|---|---|---|---|
| 総合振込 | 一括ファイル伝送（FB） | 個別金融機関接続 | ◎ |
| | | 共同センター経由 | 対象外 |
| | インターネット・バンキング（IB） | ファイルアップロード | ◎ |
| | | 画面入力 | － |
| | 媒体（磁気テープ・DVD等） | | 対象外 |
| | 振込依頼書等 | | － |
| 都度振込 | ATM、窓口、FAX振込サービス、テレフォンバンキング等 | | － |

〈明細取得の方法（受取企業）〉

| サービス種別 | チャネル | | XML電文への移行対象 |
|---|---|---|---|
| 入出金取引明細 振込入金通知 | 一括ファイル伝送（FB） | 個別金融機関接続 | ◎ |
| | | 共同センター経由 | 対象外 |
| | インターネット・バンキング（IB） | ファイルダウンロード | ◎ |
| | | 画面入力 | － |
| | 媒体（磁気テープ・DVD等） | | 対象外 |
| | 窓口、FAX振込サービス、テレフォンバンキング等 | | － |

（出典）　全国銀行協会資料をもとにKPMG作成

第2章　XML電文への移行と金融EDIの導入

取企業の両方が「XML電文」に対応していたとしても「金融EDI」情報は取引先企業に届かなくなります。

複数件の振込を一括して行うという意味では賞与振込を含む「給与振込」もありますが、企業間ではなく企業と従業員個人との間のやりとりであり「送金指図」フォーマットに「金融EDI」情報欄がないことから、「XML電文」への移行の対象取引となっていません。

### 移行スケジュール

全国銀行協会を中心に進められてきた「XML電文」への移行に向けた取組みは、現在までのところ同報告において示された、2018年頃の「XML電文」に係るサービスの開始というスケジュールに沿って、2018年12月25日に新システムが稼働する予定です。

他方で、もう一つの取組みである2020年までの「固定長電文」の廃止については、商工会議所を通じた企業向け説明会の開催等も含めてさまざまな施策が進められています。ただし、「固定長電文」の廃止時期については、「決済高度化官民推進会議」（以下「官民推進会議」という）における全国銀行協会からの報告において「全面移行の時期については、利用者たる産業界の意向を幅広く踏まえて決定されることが考えられる」と留保する文言が追加されるなど、今後もスケジュールどおりに進められるかについては

予断を許しません。

　背景には、「固定長電文」が「全銀システム」の稼働時から使用されてきた「送金指図」フォーマットであり、「全銀システム」や企業が利用する会計ソフトなど銀行送金が関係する周辺システムはすべて「固定長電文」を前提に構築されており、幅広い企業に「固定長電文」の廃止の周知や廃止に伴ってとるべき対応に対する理解を得ることに時間がかかることが考えられます。

　「固定長電文」は、2020年までに廃止される予定となっています。したがって、当該廃止後に「固定長電文」の廃止の対象となっている「為替取引」を行うとする企業は、「XML電文」による「送金指図」でなければ当該「為替取引」ができなくなります。

## ⑵　金融EDI

### EDI

　EDIは、Electronic Data Interchangeの略で、電子的なデータ交換[21]を表しています。企業間では、商取引に付随して発生する受発注や集荷・納品、請求・支払など取引情報（以下「商流情報」という）の頻繁なやりとりが発生し

---

21　送金指図においては支払企業から受取企業に伝達するメッセージを指す。支払企業側が設定。

ます。こうした商流情報のやりとりを、紙伝票の郵送や電話・FAX等ではなく、電子的にデータを交換することおよびそのための仕組みがEDIです。

EDIを利用することにより、発注書・注文書・納品書・請求書等の作成や送付、受領した商流情報の社内システムへの入力などが自動化・高速化できること、ペーパーレス化・低コスト化できること、正確性の向上といったメリットが得られます。したがって、こうした商流情報のやりとりが大量に発生する企業ほどEDIを利用するメリットが大きくなります。

EDIを利用するためには、あらかじめ取引先と通信プロトコルやデータの形式・内容等（以下「EDIフォーマット」という）について取り決めておく必要があります。この取決め内容が取引先ごとに異なるようでは、そのための対応コストがかかり前述のようなメリットが減少または消失してしまいます。

そこで、「EDIフォーマット」を個別企業間で取り決めるのではなく、標準化を図る動きがあります。そのなかで、国際的な「EDIフォーマット」の標準化に向けた取組みとして「国連CEFACT」[22]があります。

### 金融EDI

企業と銀行との間でやりとりされる「送金指図」に係る

「送金電文」には、「振込」に必要な受取人名や振込金額といった「振込情報」と振込情報以外の受発注や見積り、出入荷などの商流情報等を格納するための「EDI情報」欄が設けられています。

こうしたEDIにおける商流情報と「振込」などの「振込情報」を連動させて、企業間で授受する仕組みを「金融EDI」と呼び、現在その高度化が推進されています。

たとえば、企業間では商品などの受渡し時ではなく、将来の一定の期日にまとめて資金決済する商慣習があります。このため、企業は資金決済の度に売掛金の消込作業を行う必要があるなど負担になっています。

「金融EDI」で、「振込情報」と受発注などの商流情報がシステムで紐づけされれば、入金消込作業が自動化され、業務の省略化・効率化に寄与します。これを実現するためには、「送金電文」に取引内容の特定を可能にする商流情報の格納が必要でした。

現行の「固定長電文」では、「振込電文」に格納できる情報量が全体で半角120桁とされており、そのうち「EDI情報」欄には20桁が割り当てられています。扱える文字

---

22 国連CEFACT（Centre for Trade Facilitation and Electronic Business：貿易円滑化と電子ビジネスのための国連センター）は、国連地域経済委員会の一つである国連欧州経済委員会（UNECE）の下部機関。国際的な商業取引におけるビジネスプロセス、業務手続・手順、および取引処理の改善が主たる活動分野。電子データ交換（EDI）に関する国連規則UN／EDIFACTを策定。

も、カタカナ・数字・大文字の英語といくつかの記号に限られています。

このため、現行の「固定長電文」フォーマットによる「送金電文」でも商流情報が付記できないわけではありませんが、20桁では、たとえば支払通知番号や請求書番号および日付など消込作業を自動化するために必要な商流情報を格納することは困難でした。また、「XML電文」と異なり、「固定長電文」の「EDI情報」についてはタグ付けによる情報の構造化もできませんでした。

「XML電文」への移行により、「EDI情報」を大幅に拡張することが可能になるほか、電文の長さや、電文上のデータの意味づけ、データ間の関係を自由に設計・変更可能となります。また、ひらがなや漢字、％や英語の小文字など扱える文字の種類もふえ、たとえば、「<商品名>おいしい水500ml</商品名>」や「<消費税>８％</消費税>」といった情報を「EDI情報」欄に格納できるようになり、情報量も140文字に拡大され、それを複数回繰り返し格納することにより拡張可能性も備えることになります。また、国際標準規格であるISO20022に準拠しているため、海外も含めたデータ連携が容易になります（図表２－９参照）。

この拡張された「金融EDI」情報を利用することにより、入金消込作業を含めた経理・決済事務の大幅な負担軽

図表2－9　固定長電文とXML電文の情報量の比較イメージ

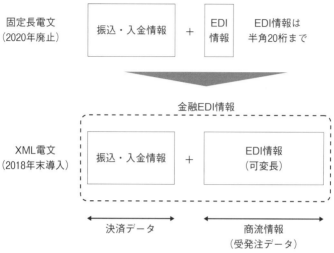

（出典）　KPMG作成

減が可能になります。これは、単なる「XML電文」への対応を越えて、詳細な「金融EDI」情報といった新たな付加機能を活用した業務効率化の第一段階の対応といえます。言い換えると、「金融EDI」に係る取組みとは、「XML電文」への移行により拡充したEDI情報を格納するスペースに、実際に商流情報をいかに格納するかに向けた取組みといえます。

「XML電文」への移行は、移行することが目的ではなく、移行によって「送金電文」に格納可能な商流情報を拡大することを通じて、実際に商流情報が付記され、「金融

EDI」が消込作業にとどまらず、データの活用による融資サービスの提供や「電子領収書」等への活用に結びつけて、企業の競争力を高めることが目的とされています。

　なお、この「金融EDI」の活用については、購入先企業による「金融EDI」情報の格納が必要であり、当該企業の協力が欠かせないことに留意が必要です。

# 3 新システムZEDI

## (1) ZEDIの概要

### 全銀システムとは別のシステム

「全銀EDIシステム」(以下「ZEDI」という)[23]は、「XML電文」により、企業間の「送金電文」に取引明細などの商流情報の格納を可能にし、売掛金等の自動消込等による企業の決済事務の効率化、生産性の向上を目指すとともに、銀行による新たな決済サービスの提供、イノベーションの推進をサポートすることを目的としています。

2018年12月25日に稼働予定とされている「ZEDI」は、複数の取引先企業への送金をインターネット経由でまとめて銀行に指図する「総合振込」などを対象に企業間で「XML電文」フォーマットの「送金電文」等を交換するためのシステムであって、現在稼働している「全銀システム」とは別に全国銀行協会が新たに構築するプラットフォームとなります[24]。

---

23 「ZEDI」は、2017年9月15日に全国銀行協会および全銀ネットから公表された全銀EDIシステムの愛称。

このため、企業の「送金指図」等に係る電文のフォーマットが「固定長電文」から「XML電文」へ移行しますが、「全銀システム」を経由する銀行間の「為替通知」については、引き続き「固定長電文」のままです。

　また、前述のようにすべての「振込」が「XML電文」フォーマットに移行するわけではなく、個人の「振込」や法人の「都度振込」などは「固定長電文」フォーマットのままとなります。

　「全銀システム」とは別のシステムとなるため、「全銀システム」への参加銀行すべてが自動的に「ZEDI」の参加銀行となるわけではありません。「固定長電文」が廃止になる以上、移行する「XML電文」に対応する「ZEDI」には「全銀システム」の参加行すべてが参加すると考えられるものの、「ZEDI」への参加は銀行が決めることになります。

　「固定長電文」が廃止されるまでに各銀行は「XML電文」フォーマットによる「送金指図」等に対応しなければ、「IB」を利用する企業の「XML電文」フォーマットによる「送金指図」等に対応することができません。ただし、「ZEDI」稼働段階での銀行の参加は任意なので、2018年12月の稼働時からすべての銀行が「XML電文」フォーマットに対応できているわけではありません。

---

24　「ZEDI」は、「全銀システム」とともに「全銀ネット」が運営を担う。

全国銀行協会によると、2018年8月22日時点で、279の銀行[25]が稼働時から「ZEDI」に接続する意向を示しており、稼働後の接続としている銀行111行と合わせると390行が接続の意向を示しています。

## クライアント証明書

　後述するように「FB」利用の企業の場合、「送金指図」等は銀行ではなく「ZEDI」に対して行います。「一括ファイル伝送」を利用する企業は、「ZEDI」に直接接続することになるため、クライアント証明書による接続認証が求められます。

　クライアント証明書は「全銀ネット」が発行しますが、発行申請は企業が銀行に対して行います。マルチバンク方式であり、一つの証明書で複数の銀行への接続証明に利用できます。証明書の有効期限は2年（730日）で、期限到来の40日前から更新が可能となります。

　クライアント証明書が必要なのは「FB」を利用する場合に限られ、「IB」は接続する銀行の認証方法に従った接続認証となります。

---

[25] 279行のうち、142行がFB、269行がIBに係る接続としている。

## (2) ZEDIの利用イメージ

### 支払企業から受取企業への送金電文等の流れ

「XML電文」フォーマットの「送金電文」等が企業や銀行、および「ZEDI」と「全銀システム」の間をどのように流れるかについては、いくつかの条件によって大きく変わります。以下では次のような一定の前提[26]を置いたうえで当該「送金電文」の流れについて整理します。

① 「XML電文」への移行対象となっている取引に係る「固定長電文」は廃止されている。

② 支払企業および受取企業は、「XML電文」フォーマットに「FB」または「IB」のいずれかで対応している。

③ 銀行は、「FB」および「IB」の両方において「XML電文」フォーマットに対応している。

これらの前提は、すべてのケースを網羅しているわけではありません。たとえば、「固定長電文」の廃止前であれば、企業も銀行も「XML電文」に対応していないケースがありますが、本書ではそのようなケースについて触れていません。

---

[26] 実際には、特にZEDI稼働後で固定長電文の廃止前の段階では、企業が「XML電文」でなく「固定長電文」の選択肢をとるケースが多いと考えられるが、本書では解説の対象としていない。

(ア) 支払企業〜被仕向銀行における金融EDI情報の流れ

　支払企業が利用するサービスが「一括ファイル伝送」か「ファイルアップロード」かによって「送金電文」データの流れは大きく異なります。言い換えれば、支払企業が利用しているサービスが「FB」であるか「IB」であるかの違いによって「送金電文」データの流れが変わるということです。

　なお、「FB」を利用している支払企業が「送金指図」に「XML電文」フォーマットを利用するのは、「総合振込」のうち「一括ファイル伝送」を行う場合で、かつ、「個別金融機関接続」の場合になります。「一括ファイル伝送」であっても、「共同センター経由」[27]の場合は、「XML電文」への移行対象外となっています。

　支払企業から「被仕向銀行」に至るまでのデータ交換の流れは、図表２−10のようになります。

(イ) 被仕向銀行〜受取企業における金融EDI情報の流れ

　「被仕向銀行」から受取企業までの「送金電文」データの流れは、受取企業が利用するサービスが「一括ファイル伝送」か「ファイルダウンロード」かによって当該データの流れは大きく異なります。言い換えれば、受取企業が利

---

27　共同センターとは、複数金融機関向けのデータを一括処理可能とするマルチバンク対応の共同センター（共同CMS〈都銀等〉、CNS〈地銀等〉、SDS〈第二地銀等〉等）を指す。

図表2−10　支払企業から被仕向銀行までのXML電文によるデータ交換のイメージ

〈支払企業が「FB」を利用して「一括ファイル伝送」を行う場合〉
1　支払企業は、「XML電文」フォーマットの「送金指図」を「ZEDI」に送信する。
2　「ZEDI」では、次の作業を実行する。
　・「EDI情報」の格納
　・「Key情報」の作成（「振込情報」と「EDI情報」の一意性を確保するための情報）
　・「振込情報」を「固定長電文」フォーマットに変換
3　「ZEDI」から「仕向銀行」に「固定長電文」フォーマットの「振込情報」＋「Key情報」を送信する。
4　「仕向銀行」から「全銀システム」を経由して「被仕向銀行」に「振込情報」＋「Key情報」が格納された「為替通知」を送信する。

〈支払企業が「IB」を利用して「ファイルアップロード」を行う場合〉
1　支払企業は、「XML電文」フォーマットの「金融EDI」情報を「仕向銀行」に送信する。
2　「仕向銀行」では、次の作業を実施する。
　・「金融EDI」情報のうち「振込情報」を除く「EDI情報」を「ZEDI」に送信
　・「振込情報」を「固定長電文」フォーマットに変換
3　「ZEDI」では、次の作業を実行する。
　・「EDI情報」の格納
　・「Key情報」の作成
　・「Key情報」を「仕向銀行」に送信
4　「仕向銀行」から「全銀システム」を経由して「被仕向銀行」に「振込情報」＋「Key情報」が格納された「為替通知」を送信する。

（出典）　各種資料をもとにKPMG作成

用しているサービスが「FB」であるか「IB」であるかの違いによって「送金電文」情報の流れが変わるということです。

　なお、支払企業のケースと同様に「FB」を利用している企業が入金通知を「XML電文」フォーマットで受け取るのは、「総合振込」のうち「一括ファイル伝送」を行う場合で、かつ、「個別金融機関接続」の場合になります。「一括ファイル伝送」であっても、「共同センター経由」の場合は、「XML電文」への移行対象外となっています。

　「被仕向銀行」から受取企業に至るまでのデータ交換の流れは、図表2－11のようになります。

　支払企業が「FB」を利用しているか「IB」を利用しているかと、受取企業が「FB」を利用しているか「IB」を利用しているかは直接関係していません。支払企業が「一括ファイル伝送」により「送金指図」を行っても、受取企業が「IB」を利用している場合、受取企業は「ファイルダウンロード」により振込入金通知や入出金取引明細に係るファイルを受信します。

　図表2－12および図表2－13は、便宜的に支払企業と受取企業がともに「FB」を利用している場合と両企業がともに「IB」を利用している場合のデータの流れを表していますが、前述のように支払企業が「FB」を利用し、受

図表2－11　被仕向銀行から受取企業までのXML電文によるデータ
　　　　　交換のイメージ

---

〈受取企業が「FB」を利用して「一括ファイル伝送」を行う場合〉
1　受取企業は、「ZEDI」に対して振込入金通知または入出金取引明細の照会をする。
2　「ZEDI」では、次の作業を実行する。
　・「振込情報」+「Key情報」を「被仕向銀行」から受信
　・「振込情報」を「XML電文」フォーマットに変換
　・「振込情報」と「Key情報」に紐づく「EDI情報」を受取企業に送信
3　「被仕向銀行」は、「金融EDI」情報に基づく振込入金通知または入出金取引明細ファイルを作成し、受取企業に送信する。

〈支払企業が「IB」を利用して「ファイルダウンロード」を行う場合〉
1　受取企業は、「被仕向銀行」に対して振込入金通知または入出金取引明細の照会を行う。
2　「被仕向銀行」では、次の作業を実行する。
　・「Key情報」を「ZEDI」に送信
　・「振込情報」を「XML電文」フォーマットに変換
3　「ZEDI」は、「Key情報」と紐づく「EDI情報」を「被仕向銀行」に送信する。
4　「被仕向銀行」は、「金融EDI」情報に基づく振込入金通知または入出金取引明細ファイルを作成し、受取企業は「ファイルダウンロード」を行う。

---

(出典)　各種資料をもとにKPMG作成

取企業が「IB」を利用するケースおよびその反対のケースもあります。

図表2-12 支払企業および受取企業がFBを利用している場合のデータの流れのイメージ

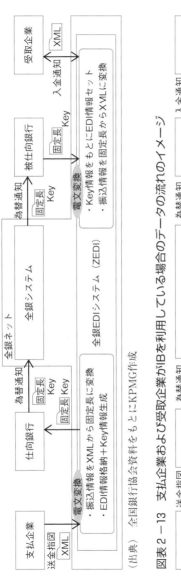

(出典) 全国銀行協会資料をもとにKPMG作成

図表2-13 支払企業および受取企業がIBを利用している場合のデータの流れのイメージ

(出典) 全国銀行協会資料をもとにKPMG作成

第2章 XML電文への移行と金融EDIの導入 81

## ZEDI内で実行される作業

　「ZEDI」において、支払企業から受けた「送金指図」のうち「振込情報」と「EDI情報」である商流情報を分離し、商流情報は一時的に「ZEDI」が保管する一方、当該商流情報を識別するための番号（以下「Key情報」という）を生成し、「固定長電文」フォーマットに変換した振込情報とともに「仕向銀行」に送信します。

　その後、「仕向銀行」から「全銀システム」を経由して「被仕向銀行」に「為替通知」として「振込情報」＋「Key情報」が送られた後、「ZEDI」が「被仕向銀行」から「Key情報」を含む「振込情報」を受け付け、再び「XML電文」フォーマットに変換した「振込情報」と「EDI情報」である商流情報を結合させ、振込入金通知または入出金取引明細として受取企業からの照会に応じて送信します。

## 4 移行に向けた課題

### (1) 企業・銀行に求められる取組み

#### 企業におけるXML電文の作成・変換

「FB」および「IB」におけるファイルアップロード・ダウンロード方式の「総合振込」、振込入金通知および入出金取引明細に係る電文が「固定長電文」から「XML電文」へ移行することに伴って、企業は、「XML電文」を作成・取込するための会計システム等のソフトウェアのバージョンアップや入替えが必要になります。

「XML電文」の作成は、企業が「送金指図」を行う際に必要になります。「振込情報」および「EDI情報」をもとに「ZEDI」向けに「総合振込」XMLファイル（pain.001）を作成する機能がソフトウェアに求められます。たとえば、従来の「総合振込」固定長ファイルを読み込み、「EDI情報」を付加し、XMLファイルを作成する機能などが考えられます。

「XML電文」を自社システムに取り込むための変換機能が必要になります。「ZEDI」から受領する振込入金通知

（camt.052）および入出金取引明細（camt.054）をもとに、「EDI情報」を還元する機能がソフトウェアに求められます。たとえば、XMLファイルを読み込み、入金消込用にCSV等ファイルに変換する機能などが考えられます。

単に「固定長電文」よりデータが増えていることや構文が異なるというだけでなく、扱える文字の種類も増えていますので、「固定長電文」に対応したソフトウェアでは、「XML電文」を読み込むことはできません。データを読み込めなければ、入金消込作業の効率化やデータの活用以前に、振込入金通知や入出金取引明細がみられないことになります。

## FB利用企業における通信回線強化

「ZEDI」と直接回線を接続する「FB」の場合、また、「一括ファイル伝送」による「FB」を利用する場合は、通信ソフトウェアの設定変更や入替え、および前述のクライアント証明書の取得または「ZEDI」への接続回線のインターネット・IP-VPNへの変更等が必要になります。

「ZEDI」とJX手順によってXMLファイルを送受信する機能が通信ソフトウェアに求められます。具体的には、伝送制御情報等を設定するBAHを作成し、クライアント証明書による認証を実施する機能が求められます。

また、「ZEDI」と通信を行う際の伝送先情報、JX通信

情報（サイクル番号等）、クライアント証明書情報を設定する機能が通信ソフトウェアに求められます。さらに、クライアント証明書の有効期限管理、登録・更新する機能も求められます。

全国銀行協会は、「ZEDI」稼働に先立ち、2017年8月に企業間決済の事務作業の自動化を促進するため、「ZEDI」が取り扱う適用業務および各適用業務におけるレコード・フォーマット（XML形式）を含む新たな国内送金電文規格を公表しました[28]。

## 銀行におけるZEDIとの接続に係る取組み

企業の利用形態が「FB」および「IB」のいずれであっても、銀行は、「ZEDI」とのデータ交換が発生します。「FB」を利用する「総合振込」の場合は、「固定長電文」に変換された「振込情報」＋「Key情報」を受信し、「IB」を利用する「総合振込」の場合は、「Key情報」を受信します。

「FB」を利用する振込入金通知および入出金取引明細の場合は、「ZEDI」に「振込情報」＋「Key情報」を送信し、「IB」を利用する振込入金通知および入出金取引明細の場合は、「ZEDI」に「Key情報」を送信し「EDI情報」を受信します。

---

[28]　https://www.zenginkyo.or.jp/fileadmin/res/news/news290829.pdf

これらの銀行と「ZEDI」の間のデータ交換に必要な機能を備えるようシステムのアップグレードが必要になります。

### 銀行におけるIBのアップグレード

企業が「IB」を通じたファイルアップロード・ダウンロードを利用している場合、銀行は、企業から「XML電文」を直接受領することになります。したがって「IB」上のアップロード画面において「XML電文」を受け付けるように改修すること、およびダウンロード画面において「XML電文」をダウンロードできるように改修することが必要になります。

次に、「総合振込」で受領した「XML電文」について、前述のように「振込情報」を「固定長電文」に変換し、「EDI情報」を「ZEDI」に送るシステムが必要になります。また、受取企業から振込入金通知および入出金取引明細の照会を受けた場合に「全銀システム」から「振込情報」＋「Key情報」を受け取った後に「振込情報」を「XML電文」に変換しつつ、「ZEDI」に「Key情報」を送信し、「ZEDI」から「EDI情報」を受け取る機能が必要になります。

### (2) 通信回線

東日本電信電話株式会社および西日本電信電話株式会社

(以下「NTT東西」という)は、2024年1月以降に公衆交換電話網(PSTN)[29]を順次IP網[30]に切り替えていく構想を公表しています[31]。切替えに伴ってISDNサービスの一つであるINSネット(デジタル通信モード)が終了する予定です。

INSネットは、通信の安定性とセキュリティの高さから「FB」を含む企業・銀行間のデータ交換分野で根強い需要がありましたが、音声通話市場の大幅な縮小とデータ通信の拡大を背景にPSTNの中継・信号交換機が2025年頃に維持限界を迎えることが終了の背景にあります。

「FB」は、一般的にINSネットを含むPSTNを使用して、企業側のホストサーバまたは端末と銀行のホストサーバを接続して、「XML電文」への移行対象取引である「一括ファイル伝送」を含む銀行サービスを利用企業に提供しています(図表2−14参照)。

INSネットを含むPSTNを通じて「FB」を利用している企業は、IP網に対応した「FB」に切り替える必要があります。

全国銀行協会は、これまで企業・銀行相互間のオンラインデータ交換に使用する標準言語プロトコルとして「全銀

---

29 「Public Switched Telephone Network」の略。
30 IPは「Internet Protocol」の略。
31 http://www.ntt-east.co.jp/release/detail/20171017_01.html

図表2-14 XML電文への移行対象取引と一般的に利用する通信回線

| 移行対象取引 | 支払企業 | 受取企業 | 回線 |
| --- | --- | --- | --- |
| 一括ファイル伝送（FB） | 総合振込（個別金融機関接続）<br>総合振込（共同センター経由） | 振込入金通知<br>入出金明細 | 電話回線（公衆回線等） |
| 媒体（磁気テープ等） | 総合振込 | 振込入金通知<br>入出金明細 | |
| インターネット・バンキング（IB） | 総合振込（ファイルアップロード） | 振込入金通知（ファイルダウンロード）<br>入出金明細（ファイルダウンロード） | インターネット |

（出典） 全国銀行協会資料等をもとにKPMG作成

協標準通信プロトコル（ベーシック手順）」(1983年10月制定) および「全銀協標準通信プロトコル（TCP／IP手順）」(1997年3月制定) を公表してきましたが、いずれもPSTNおよびISDN回線による接続を前提にしています。

このため、全国銀行協会は、2017年5月に、広域IP網で企業・銀行間のデータ交換に使用する標準言語プロトコルとして「全銀協標準通信プロトコル（TCP／IP手順・広域IP網）」を公表しました。このプロトコルは、NTT東西等のISDNを含むPSTNからIP網への移行および同社のISDNサービスである「INSネット（デジタル通信モード）」

の提供終了に係る検討を受けて制定されました。

なお、前述のベーシック手順およびTCP／IP手順は、2023年12月末をもってサポートを終了します（図表2－15参照）。

「XML電文」への移行後もINSネットを含むPSTNを通じて「FB」を利用する企業は、この通信回線の移行についても留意する必要があります。広域IP網におけるオンラインデータ交換は、PSTNよりも盗聴や改ざん等に対する

**図表2－15　全国銀行協会「全銀協標準通信プロトコル（ベーシック手順およびTCP／IP手順）の取扱いについて」（抜粋）**

　当協会は、企業・銀行相互間のオンラインデータ交換において使用する標準通信プロトコルとして全銀協標準通信プロトコル（以下「全銀プロトコル」という。）を制定しております。

　今般、NTT東日本株式会社およびNTT西日本株式会社は、PSTNの中継・信号交換機等の維持限界を迎えることに伴い、2024年1月からPSTNから広域IP網への移行を開始し、2025年1月に移行が完了するスケジュールを公表いたしました。

　これを受け、当協会は全銀プロトコルのうちベーシック手順（1983年制定）およびTCP／IP手順（1997年制定）について、適用回線で定めるPSTNの廃止に伴い、2023年12月末をもってサポート（改正および会員および一般の利用者からの照会対応等）を終了いたします。

　全銀プロトコル（ベーシック手順・TCP／IP手順）を利用されている場合には、システムのライフサイクルを踏まえつつ、全銀プロトコル（TCP／IP手順・広域IP網）等の代替手段への移行を検討のうえ、2023年12月末までにIP網への移行に係る対応を実施くださいますようお願い申しあげます。

セキュリティ対策が必要となります。

　なお、NTT東西は当初2020年後半のIP網への切替えを表明していましたが、その後2024年までにスケジュールを後ろ倒ししています。IP網への切替えにより影響が大きいとされてきたのが、さまざまなデータ交換の分野で、その一つとして「FB」がありました。

　金融業界は、上記移行スケジュールについて、影響範囲の広さや利用者数の多さを取り上げ2020年後半は困難であるとの懸念を表明しつつも、通信回線の切替え時期にあわせるようなかたちで2020年までの「固定長電文」の廃止と「XML電文」への移行を目標に掲げています。

### (3) 商流EDIフォーマットの標準化

　「XML電文」への移行によって受発注情報等の商流情報といった「金融EDI」情報が拡充し、受取企業側での入金消込作業が容易になるメリットがありますが、これだけで「XML電文」への移行および「金融EDI」の導入を十分活用できているとはいえません。

　一つは、社内における受発注から資金決済に至る部署間のデータ連携です。受発注情報（商流EDI情報）についても、紙ベースでの管理ではなく、取引先企業と電子的にデータ交換を行うことで、企業内における受発注から決済に至る資金管理プロセス全体を電子化することができ、そ

れによって「STP」化および資金管理の高度化を図ることが可能になります。

このデータ連携の実現には、企業間のやりとりをデジタル化するための取引先企業の協力および社内プロセスのデジタル化が必要になります。社内プロセスのデジタル化については、近年台頭している「クラウド会計ソフト」を利用することによって中小企業であっても手軽に導入できるようになっています。

もう一つは、入金消込作業の効率化や資金管理の高度化に加えて、「金融EDI」情報を活用したさまざまなサービスを利用することです。そのためには、「金融EDI」情報と商流EDI情報のデータ連携を円滑にし、これまで取引先ごとにバラバラであった受発注に係るデータのフォーマットについても「金融EDI」との連携を容易にするよう標準化することが重要になります。

「金融EDI」を活用するうえで、業界横断的に「EDIフォーマット」を標準化することは不可欠です。「XML電文」への移行と「金融EDI」の導入を機に商流情報に係る「EDIフォーマット」の標準化については、前述の「商流情報検討会」等において官民連携のもとで標準化の検討が進められています。

## 商流情報の標準化

　「全銀システム」にデータ交換が集約される「為替取引」とは異なり、商流情報が集約される単一の中継点がないことから、商流情報に係る「EDIフォーマット」は、標準化される場合であっても業界単位にとどまり、あらゆる商取引に適用可能な「EDIフォーマット」はこれまで存在していませんでした。

　「XML電文」により拡大した「EDI情報」を格納するスペースに商流情報を格納して、「金融EDI」の高度化を図っていくためには、格納される商流情報のデータ形式や内容等の「EDIフォーマット」の標準化が重要になってきます。この取組みの一つが前述の「商流情報検討会」です。

　その他にも、銀行業界における「金融EDI」の活用の検討は、以前から進められていました。たとえば、「金融EDI」を含む企業間決済の高度化に向けた取組みのあり方などを検討するため、「企業決済高度化研究会」（事務局・全国銀行協会）が設立され、2012年に報告書を公表しています。

　この報告書をふまえ、商流情報と「振込情報」の連動（「EDI情報」の付記の拡張）が実現した場合の決算業務（売掛金に係る消込業務など）の効率化を検証するため、流通

業界および自動車部品業界において実証実験が実施されました。

実証実験の結果、受取企業側において年間約400時間（中堅製造業）から約9,000時間（大手小売業）の決算関連事務の合理化効果が確認されています。

## (4) XML電文の利用の促進

「XML電文」による「送金指図」は、商流情報を「金融EDI」欄に入力することによってはじめてメリットが生じます。「XML電文」であるにもかかわらず、支払企業が従来どおりの「振込情報」のみを「送金指図」に入力する場合、「XML電文への移行」のメリットが生じないことになります。

現在の一般的な企業の経理部門における売掛金の処理では、取引先企業からの入金通知と自社の受注明細を会計システムの機能で突合しています。中小企業では経理担当者が長年の経験を頼りに手作業で消込作業を行っており、経理業務が属人化しているところも多くなっています。消込できない入金や想定額と違う入金があった場合は、電話などで支払企業に問い合わせる手間が生じます。

「XML電文」は可変長なので、企業を識別するためのマイナンバー制度で整備された法人番号や、請求書番号といった情報を付加できます。法人番号のない個人事業主や

企業の営業・生産拠点については「固定長電文」で使っていた取引コードなどを流用できます。

銀行が公開するAPIを使ったFinTechサービスで「金融EDI」を含む情報のやりとりができれば、企業の業務効率化につながることも想定されます。

ただし、「金融EDI」は、自社だけでなく取引先や銀行が対応しないと、「送金」はできても「XML電文」を扱うメリットが得られません。企業にとって会計システムの改修スケジュールと費用対効果をどう見積もるかが課題となります。

他方で、特に中小企業にとってはこれまでと異なるXMLファイルの作成の負担は少なくありません。そこで、全国銀行協会は、「S-ZEDI」という「振込電文」（XMLファイル）を簡易に作成する機能を準備しています。

「S-ZEDI」は、XMLファイル作成専用の環境の導入や社内システムを改修することなく、Webブラウザ上の画面入力により、「金融EDI」情報を添付可能な「送金電文」（XMLファイル）を、簡易に作成することができます。

「S-ZEDI」専用サイトは、2018年12月にアドレスが公開される予定であり、現時点で実際の画面を確認することはできませんが、全国銀行協会の資料によると、図表2-16に示した手順で「送金電文」を作成する予定です。

企業は、「固定長電文」の廃止への対応ではなく、

図表2－16　S-ZEDIの送金電文作成手順

① ブラウザ上に振込に必要な情報（仕向／被仕向口座情報、金額等）および金融EDI情報（図表2－17参照）を入力します。
② XMLファイル（pain.001）をダウンロードします。確認用ファイルもダウンロードできるので、アップロード前に入力した情報を確認することが可能です。
③ ダウンロードしたXMLファイル（pain.001）をZEDI対応の法人インターネット・バンキングへアップロードすることで総合振込が実施できます。

図表2－17　登録可能な金融EDI情報項目

| 項番 | 項目名 | 項番 | 項目名 |
|---|---|---|---|
| 1 | 業界区分 | 10 | 支払金額（明細） |
| 2 | データ区分 | 11 | 金額相殺理由 |
| 3 | 支払通知番号 | 12 | 相殺金額 |
| 4 | 支払通知発行日 | 13 | 税額1 |
| 5 | 請求書番号 | 14 | 税率1 |
| 6 | 支払人企業法人コード | 15 | 税額2 |
| 7 | 受取人企業法人コード | 16 | 税率2 |
| 8 | 請求先企業名 | 17 | 税額（合計） |
| 9 | 請求先企業法人コード | 18 | 備考 |

「XML電文」への移行と「金融EDI」情報の活用を念頭に、経理・決済業務の高度化、資金管理高度化および財務管理高度化といった財務分野における機能の高度化および

図表2-18 企業における利用端末および「IB」等の利用状況

業務に利用している端末

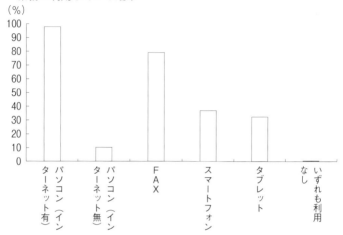

金融機関のエレクトロニック・バンキング利用

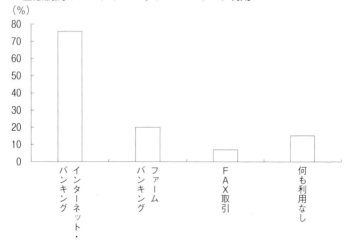

(出典) 全国銀行協会資料等をもとにKPMG作成

企業の競争力強化につなげていくことが必要です。

　企業によっては、図表2-18のように「FB」や「IB」をまったく利用しないケースもありますが、「クラウド会計ソフト」の台頭もあり、いまや「FB」や「IB」を導入するメリットは着実にふえています。企業は「XML電文」への移行に向けた積極的な対応について検討を進めていくことが肝要です。

# 第3章

# 手形・小切手機能の電子化

# 1 手形・小切手の仕組みと特徴

## 手形・小切手の流れ

　手形・小切手は、主として商取引の決済に利用されています。手形には大きく買主（支払企業）が振り出す約束手形と売主（受取企業）が振り出す為替手形の二つがあります。小切手にも自己宛小切手や送金小切手といった種類がありますが、多くの場合は当座小切手が使われます。

　一般的な商取引における手形の流れは、以下のとおりです（図表3−1参照）。

〔約束手形の流れ〕
① 商品購入の代金支払として支払企業が納入企業Aに対して約束手形を振出
② 納入企業Aは、納入企業Bからの商品購入の代金支払として納入企業Bに対して支払企業Aから受け取った約束手形を裏書譲渡
③ 納入企業Bは、納入企業Bの取引金融機関に対して約束手形の取立を依頼
④ 支払期日に納入企業Bの取引金融機関は、手形交換所に約束手形を持ち込むとともに納入企業Bの口座に入金

図表3-1　一般的な約束手形の流れ

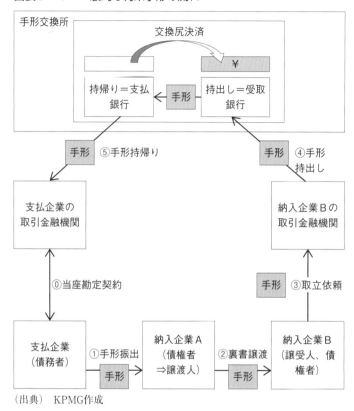

(出典)　KPMG作成

⑤　手形交換所において支払企業の取引金融機関が約束手形を持ち帰るとともに納入企業Bの取引先金融機関との間で交換尻を決済
⑥　支払企業の取引先金融機関は、支払企業の当座預金から代金を引落し

手形を振り出す支払企業は、金融機関に当座口座を開設する必要がありますが、手形を受け取る納入企業Bは、当座口座でなくとも入金されます。

　為替手形の場合は、手形を振り出すのは売主である納入企業Aです。受取人を納入企業Aとし、引受人を支払企業としたうえで、支払企業が署名をすることで、支払企業が約束手形を振り出したのと同様の効果が発生します。

　銀行など金融機関が相互に取り立てる手形、小切手、債券・利札・領収書等を手形交換所に持ち出して交換し、持出手形と持帰手形との差額を日本銀行または手形交換所に幹事銀行における手形交換加盟銀行の当座預金により集中的に決済するこの制度を手形交換制度といいます。したがって、「手形」交換所という名称ですが、小切手等の他の証券類の交換も取り扱っています。

　手形が一定の期日に支払うのに対して、小切手は基本的に代金支払として支払企業が振り出し、受け取った企業がその日に取引先銀行に持ち込み取立を依頼し、受取企業の取引先銀行が翌日手形交換所に持ち込んでその日に入金というのが通常の流れになります。現金決済に近いですが、金額が大きく現金で準備することがむずかしかったり、現金の運搬に伴うリスクを回避したりする目的や業界慣行として利用されています。

## 手形・小切手の市場

　同一銀行内で処理される手形・小切手を除いたデータではありますが、手形交換所のうち取扱件数が最大である東京手形交換所の統計データによると、手形交換所に持ち込まれる証券類全体に占める手形の枚数は約4分の1、小切手は2分の1となっています（図表3－2参照）。

　手形・小切手の金額ベースの交換高は、1990年のピーク時と比べると92％減とおおむね10分の1まで市場が縮小しています。ただし、縮小ペースは緩やかになっており、近年では発行金額ベースで前年を上回る年もあるなど、一定の根強い需要があることがみてとれます。こうしたことから、今後の手形・小切手の市場については、自然と完全に使われなくなるのではなく、市場の横ばいが当面続くと考

図表3－2　東京手形交換所における交換証券の種別割合（2017年3月）

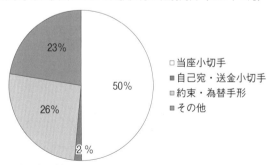

（出典）　全国銀行協会資料等をもとにKPMG作成

図表3-3　手形・小切手の交換高の推移

|  | 2017年 | ピーク時 | 増減率 |
|---|---|---|---|
| 金額 | 374兆円 | 4,797兆円<br>(1990年) | △92% |
| 枚数 | 5,550万枚 | 43,486万枚<br>(1979年) | △87% |

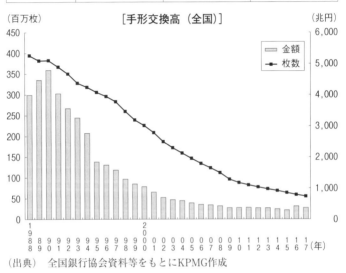

(出典)　全国銀行協会資料等をもとにKPMG作成

えられます（図表3-3参照）。

## 手形の譲渡・裏書

　支払期日が振出日より後になる手形の場合、受取人が支払期日前に資金化する方法がいくつかあります。一つは、受け取った手形を他の支払に充てる手形の譲渡です。

手形を譲渡するには、手形の裏面に譲渡する者が署名し、あわせて、その手形を譲り受ける者の名称を記載することが基本です。手形の裏に書くので「裏書」といいます。先ほどの例でいうと、納入企業Aが受け取った手形の裏面に譲渡者として署名し、譲受者として納入企業Bを記載します。そして、納入企業Bから購入した商品の代金として「裏書」した手形を譲渡します。

　手形の譲渡の場合、券面記載されている金額を変更できませんので、支払金額の一部を譲渡する一部譲渡や支払金額を分割して別々に譲渡する分割譲渡などはできません。

　なお、裏書譲渡した手形が、実際に支払期日に支払が行われなかった場合、譲受人は譲渡人に対して支払請求することができます。これを「遡求」といいます。

### 手形の割引

　裏書譲渡のように支払に充てるのではなく、実際に支払期日前に資金を得る方法として、銀行等に買い取ってもらう手形割引があります。ただし、この場合も基本的に裏書したうえで銀行に手形を譲渡することになります。

　手形割引は、どの手形でも利用可能な手段というわけではありません。銀行は、譲渡人の信用力を中心に一定の要件を満たした手形しか買取り（手形割引）を行いません。手形割引は、あくまでも手形を担保とする貸付となります

ので、振出人の信用力ではなく、裏書譲渡人の信用力が重要視されます。

仮に支払期日に支払が行われない場合は、銀行は譲渡人に対して「遡求」します。したがって、手形を割り引いてもらう譲渡人は、振出人が期日に支払わない場合に支払義務を負ってしまうことについて十分理解したうえで手形割引を利用することが求められます。

また、銀行からみればその手形の支払期日まで貸付を行うことと同様ですので、支払期日までの利息分を割り引いた金額で買い取ります。このため、手形を割り引いてもらう譲渡人は、券面に記載されている金額を得られるわけではなく、そこから銀行の利息分を差し引いた金額を銀行から受け取ることになります。

### 手形のファクタリング

手形の割引と違って、支払期日に支払われない場合の損失リスクを買う側が負うファクタリングという資金化の方法もあります。一般的に、銀行の子会社や専門の金融会社などに手形を持ち込んで買い取ってもらうことになります。

損失リスクを負う買取り側は、持ち込んできた譲渡人の信用力ではなく、振出人の信用力を重視して審査しますので、高い信用力を有する企業が振り出した手形の場合は、

手形割引よりも大きな金額に現金化できる可能性があります。

　譲渡人にとっては、振出人が支払期日に支払できなくとも「遡求」されるおそれがないこともメリットとなります。

## 2 手形・小切手機能の電子化に向けた取組み

### 手形・小切手機能の電子化の背景

「XML電文」を起点とする企業の財務・決済プロセスの高度化に向けた取組みが進められていくなかで、振込以外にも企業間の商取引の資金決済手段として一定の利用がある手形・小切手についても当該高度化の一環として、その機能[1]の電子化について検討が進められるようになりました。

手形・小切手も資金決済手段の一つですので、入金消込作業は発生します。データ活用という点でも振込データだけでなく、手形・小切手を用いた資金決済について電子化することにより、企業および金融機関双方の事務負担削減以外にも振込データとあわせた決済データの有用性が高まります。

手形・小切手機能の電子化に係る具体的な検討は、2017

---

1 手形・小切手の電子化ではなく、手形・小切手「機能」の電子化としている背景には、日本が批准しているジュネーブ条約において、手形・小切手が券面を前提としていることがある。このため、単純に手形・小切手を電子化するという立付けにすると同条約違反となるおそれがある。実際に、電子記録債権は、手形を電子化したものではなく、手形とは異なる新しい金銭債権とされている。

年12月に全国銀行協会を事務局として立ち上げられた「手形・小切手機能の電子化に関する検討会」(以下「電子化検討会」という)において行われています。

### 手形・小切手の利用実態

「電子化検討会」において行われた「手形・小切手の社会的コストの実態調査」(以下「実態調査」という)によると、手形・小切手が利用されるのは、商取引の決済が主体であることや、その他図表3－4のような利用実態がみえてきます。

また、前述の手形・小切手の交換高の推移でみたように、発行枚数や金額は、ピーク時の約10分の1となっているものの近年ではこれ以上に縮小することはなく、横ばいが続いていることがわかっています。こうした根強い手形・小切手の利用について「実態調査」では、電子記録債権[2]の普及のために「紙の手形の廃止」が必要と考えていることが明らかとなっています。

この調査結果等を勘案しながら「電子化検討会」において手形・小切手機能の電子化について議論が進められていくことが見込まれます。

---

2　電子記録債権は、手形や指名債権を電子化したものではなく、電子記録債権法に基づく新たな金銭債権。電子記録債権の発生・譲渡は、電子債権記録機関の記録原簿に電子記録することがその効力発生の要件。

図表3-4　手形・小切手の実態調査の概要

- 金額が一定以上になると手形を利用する等、金額によって支払手段を分けるケースがある。
- 手形・小切手を利用するのは、相手の希望や業界慣行が理由の上位。業界によって、特色のある使い方がされているケースがある。
- 業界慣行を変更することはむずかしい（または不要）と考えている企業が多く、変更するにも、法改正、業界の働きかけ、手形・小切手制度の廃止といった、いわばトップダウンの施策が必要との声もある。
- 銀行への計数調査から推定すると、交換所を経由しない手形・小切手を含めて利用される手形・小切手その他証券類の合計枚数は、約7,500万枚／年。
- 手形の利用者は延べ50万社強、小切手の利用者は延べ120万社強。個人（パーソナルチェック）の利用者は、約2万人。預金小切手の発行枚数は、約76万枚。
- 土日・深夜に手形・小切手を振り出すニーズは一部の企業にあるものの、1億円以上の取引を行っている企業はほとんどない。

(出典)　全国銀行協会資料等をもとにKPMG作成

## 手形・小切手機能の電子化の方法

具体的な手形・小切手機能の電子化に向けては、「固定長電文」から「XML電文」への移行の議論と同様に、まずは、手形・小切手機能の電子化の方法を特定する必要があります。この点について「電子化検討会」では、手形・小切手機能の電子化の方法として、社会的コスト削減の早

期実現や全体としての企業の対応容易性の観点から、既存の商品・サービスで代替することが効率的と判断し、手形の代替として電子記録債権、小切手の代替として「IB」を想定するとしました。

そのうえで、「電子記録債権の普及のために必要なことは、手形を廃止すべきがトップ」といった前述の「実態調査」の結果等をふまえながら、「目標時期を設定して紙の手形・小切手を廃止する」ことを念頭に手形・小切手制度の見直しに係る議論が進められていくことが確認されました。

既存手段を廃止し、別の手段に移行させるという手法は、先行している既存の「固定長電文」について期限を定めて廃止し、新しい「XML電文」への移行を進めている動きと同様です。

手形・小切手を利用している企業にとっては、総合振込の一部が「XML電文」に移行するのと同様、手形・小切手から電子記録債権や振込へ移行する対応が迫られることになり、財務・決済プロセスは、好むと好まざるとにかかわらず変革が求められることになります。

## 手形・小切手機能の電子化のスケジュール

手形・小切手機能の電子化において最も重要なスケジュールの一つが紙の手形・小切手の廃止時期です。

「XML電文」と異なり、すでに移行先として想定されている電子記録債権および振込は現時点でも利用可能です。また、前述のように手形・小切手の交換高はピーク時の約10分の1まで減少しており、近年は横ばいで推移しています。

つまり、電子記録債権や振込のほうが便利だとして移行している取引はすでに移行ずみであり、残存している手形・小切手の取引は、代替手段の利便性に起因して移行するということは想定しづらく、これから移行するとすれば、「実態調査」でも示されたとおり、紙の手形・小切手の廃止がきっかけになると考えられます。

当初の予定では1年程度の「電子化検討会」における議論を経て「目標時期」を正式発表するとされており、実際に2018年7月に公表された中間報告[3]では具体的な手形・小切手の廃止時期については明記されませんでした。

したがって、当初の予定どおり2018年12月に公表を予定している最終報告書において具体的な紙の手形・小切手の廃止期限が提示されると見込まれます。そして、具体的な廃止期限が定まることにより、その後は「紙の手形の廃止」と「電子記録債権の普及」に向けた機運が高まっていくものと考えられます。

---

3　https://www.zenginkyo.or.jp/fileadmin/res/news/news300726.pdf

## 手形・小切手機能の電子化に向けた課題

手形・小切手機能の電子化は、既存の手段を廃止し、新たな手段への移行を進めるという点で「固定長電文」から「XML電文」への移行と同じですが、「XML電文」への移行にはない特有の課題があります。それは、そもそも「IB」や「FB」を利用していない企業の存在です。

「固定長電文」から「XML電文」への移行は、企業間送金に使われている「総合振込」の一部が対象ですが、「総合振込」を利用している時点で、企業はすでに「IB」または「FB」を利用していることになります。これに対して、手形・小切手については、業務で「IB」や「FB」を利用していな企業も含まれています（図表3-5参照）。

紙の手形・小切手を廃止し、電子記録債権や振込に移行

図表3-5 企業のIB・FBの利用率

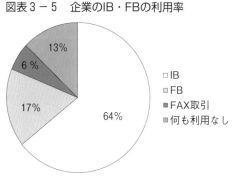

（出典） 全国銀行協会資料をもとにKPMG作成

するためには、こうした「IB」や「FB」を利用していない企業に対して、まずは、「IB」や「FB」を利用できる環境に移行してもらう必要があります。これは、「XML電文」への移行にはない課題です。

# 3 電子記録債権の概要

　手形・小切手機能の電子化において、小切手機能の移行先は振込とされています。企業は、小切手の廃止に伴って、企業間の資金決済を「総合振込」や現金決済等のその他の資金決済手段を利用することになります。「総合振込」を利用する場合は、前述の「XML電文」への移行に関係する議論とつながっていきますので、ここではもう一つの手形機能の移行先となっている電子記録債権について少し解説します。

　このセクションでは、「電子記録債権」の概要について解説するとともに、企業および銀行が電子記録債権を活用するメリットについて確認しながら紙の手形の廃止に向けた動きおよび電子記録債権の普及に向けた今後の取組みについて考察します。

## 電子記録債権の市場

　手形の電子版ともいわれる電子記録債権は、従来の金銭債権の問題点（手形では作成・保管のコストや紛失・盗難リスクがあることなど、売掛債権では二重譲渡リスクや債権の存

在確認、譲渡する際の責任者への通知が必要であることなど)を克服した新たな金銭債権です。

電子債権記録機関における電子的な記録で債権の発生・譲渡・消滅を行う仕組みであり、紙の手形と比べて印紙税が不要であることや分割譲渡が容易であること等の特徴があり、2016年の累計の発生記録請求金額は、11兆1,683億円と初めて10兆円を超えるなど、2008年の電子記録債権法の施行以来着実に利用が拡大しています(図表3－6参照)。

しかしながら、既存の手形市場と比較すると、それでも電子記録債権の市場規模は手形市場の1割にも満たない規模です。支払企業および受取企業ならびに譲渡する場合の譲受企業において、「IB」の導入や当事者双方が電子債権記録機関に登録する必要があることなどがネックとなり、広く普及するには至っていません。

それだけに、電子記録債権の市場にとって「紙の手形の

図表3－6　全国手形交換高とでんさいネット請求等取扱高推移

| | 全国手形交換高 | | でんさいネット発生記録請求 | |
|---|---|---|---|---|
| 年 | 枚数(千枚) | 金額(億円) | 件数(千件) | 金額(億円) |
| 2014 | 68,864 | 3,326,553 | 623 | 47,611 |
| 2105 | 64,100 | 2,990,322 | 1,081 | 79,994 |
| 2016 | 59,421 | 4,242,244 | 1,581 | 111,683 |
| 2017 | 55,495 | 3,741,580 | 2,121 | 149,128 |

(出典)　全国銀行協会資料等をもとにKPMG作成

廃止」は、紙の手形利用者のうちの一定程度が電子記録債権の利用に進むことになると考えられることから、市場の潮流を大きく変えるポテンシャルがあるといえます。

そして、現在検討されている「紙の手形の廃止」は、単に手形から電子記録債権への移行がふえるだけでなく、取引相手が電子記録債権を利用していないという普及に向けた課題の克服から、周りが利用するから自身も利用するといった流れを生み出して電子記録債権の普及を加速させる可能性があります。

## 電子記録債権の法的特徴

電子記録債権の法的位置づけは、手形を電子化したものではなく、既存の指名債権・手形債権などとは異なる「新たな金銭債権」です。

電子記録債権が手形を電子化したものではなく新たな金銭債権と法的に位置づけられた背景には、手形を規定する手形法がジュネーブ条約に基づいて制定されているため、手形を無券面化するためには同条約を破棄する必要があります。

電子記録債権制度が創設された背景には、これまで金銭債権を活用した企業の資金調達の手法として売掛債権や手形の譲渡等といった手段があったものの、それぞれにいくつかの問題点があり決して使い勝手がよいとはいえなかっ

たこと、また、企業のIT化が進むなか、電子的な手段を用いた商取引や金融取引が発達し、これに対応した金銭債権の電子的な手段を用いた譲渡等について検討が求められていたことなどがあります。

このような背景をふまえて、電子記録債権は、金銭債権

図表3－7　指名債権（売掛債権等）との主な違い

| 指名債権の問題点 | 電子記録債権の特徴 |
| --- | --- |
| 指名債権は、当事者の合意さえあれば譲渡が可能であり、「二重譲渡のリスク」が存在 | 電子記録債権は、電子記録をその発生や譲渡の要件とすることで、当事者間の合意のみでは譲渡はできない仕組みにすることにより「二重譲渡のリスク」を排除 |
| 指名債権の譲渡があったことを債務者に主張するため債務者への通知または債務者の承諾が必要 | 電子記録債権についてはその存在・帰属が電子的に記録され、電子記録債権の債務者においてその電子的な記録（債権記録）を確認することにより、電子記録債権の債権者を確認することができるため、債務者への通知または債務者の承諾が不要 |
| 指名債権の譲受人には、権利発生の原因となった売買契約等が無効になったなどの事情を理由として支払を拒まれる「人的抗弁を対抗されるリスク」が存在 | 電子記録債権法において電子記録債権は、手形と同様に原則として、債務者は譲受人に対して原因債権の事情等を理由として支払を拒むことができないよう規定（人的抗弁の切断） |

（出典）　金融庁資料等をもとにKPMG作成

図表3－8　手形との主な違い

| 手形の問題点 | 電子記録債権の特徴 |
|---|---|
| 紙媒体の使用により書面の作成・交付・保管に要するコストや盗難・紛失のリスクが存在 | 電子記録債権は、権利内容を電子的に記録するため、紙媒体であることに伴うコストや盗難・紛失のリスクを解消または軽減 |
| 券面に記載できる事項が限定的 | 電子データとして記録するものであるという特徴を活用して、多様な記録事項を許容 |
| 一部のみの譲渡は不可 | 電子記録債権の一部を「分割」して、その一部を譲渡することが可能 |

(出典)　金融庁資料等をもとにKPMG作成

を利用した企業の資金調達の円滑化を図ることを目的とし、指名債権（売掛債権等）および手形の問題点を克服した図表3－7および3－8のような特徴をもつ新たな金銭債権として導入されました。

### 電子債権記録機関

手形の振出および裏書譲渡に相当する概念として、電子記録債権には「発生」および「譲渡」があります。

ただし、電子記録債権の場合は、手形にはない電子債権記録機関という第三者が存在し、物理的な紙による発行や送付にかわって「発生記録」・「譲渡記録」・「支払等記録」などの「電子記録」を電子債権記録機関が調製する電磁的

な「記録原簿」に記録することによって行うという特徴があります。

「記録原簿」における「発生記録」や「譲渡記録」等の記載事項のイメージは図表３－９のとおりです。

電子記録債権が「発生」・「譲渡」等の基本的な機能を果たすためには、電子債権記録機関の「記録原簿」に「発生記録」・「譲渡記録」等を「電子記録」することが要件とされています。

このため、電子記録債権制度において中核的な役割を担う電子債権記録機関は、電子記録債権法に基づいて厳格な規制・監督を受けています。2017年10月１日現在では、図表３－10の５機関が金融庁に指定されています。

電子債権記録機関は、利用者の請求に基づき電子債権を記録や債権内容の開示を行う電子債権の登記所のような存在で、高度な公正性・中立性・セキュリティ管理が求められ、電子記録債権法で業務・監督のあり方が規定されています。

具体的な業務内容としては、債権者・債務者双方の請求に基づき、債権記録を記録する電磁的な帳簿「記録原簿」に「発生」・「譲渡」などの記録を行うことがあります。また、債務者から債権者への支払などにより債権が消滅した場合、金融機関からの通知に基づき「支払等記録」を行うことで電子記録債権の消滅に関する手続を行います。

図表3-9　記録原簿のイメージ

| |
|---|
| 発生記録<br>（金額）1,000万円<br>（支払期日）2018年3月31日<br>（債権者）A（住所……）<br>（債務者）B（住所……）<br>（支払方法）口座間送金決済による支払<br>（債務者口座）●●銀行▲▲支店・口座番号＊＊＊<br>（債権者口座）○○銀行△△支店・口座番号※※※<br>（利息）年6％<br>（遅延損害金）年10％<br>債務者に倒産手続の開始があったときには、債務者は期限の利益を当然に喪失する。<br>（譲渡記録可能回数）10回<br>（電子記録の年月日）2018年2月1日 |
| 譲渡記録<br>電子記録債権を譲渡<br>（譲受人）C（住所……）<br>（払込先口座）◎◎銀行△△支店・口座番号■■■<br>（電子記録の年月日）2018年3月1日 |
| 保証記録<br>電子記録保証をする。<br>（保証人）A（住所……）<br>（主たる債務）発生記録に記録されている債務者の債務<br>（電子記録の年月日）2018年3月1日 |
| 支払等記録<br>（支払等がされた債務）発生記録に記録されている債務者の債務<br>（支払等の内容）1,015万円支払（元本充当額1,000万円）<br>（支払等があった日）2018年3月31日<br>（支払等をした者）B（住所……）<br>（電子記録の年月日）2018年3月31日 |

（出典）　金融庁資料等をもとにKPMG作成

図表3−10 金融庁に指定されている電子債権記録機関

| 指定日 | 電子債権記録機関名 | 株主構成 |
|---|---|---|
| 2009年6月24日 | 日本電子債権機構株式会社 | 三菱UFJ銀行（100％） |
| 2010年6月30日 | SMBC電子債権記録株式会社 | 三井住友銀行（100％） |
| 2010年9月30日 | みずほ電子債権記録株式会社 | みずほ銀行（100％） |
| 2013年1月25日 | 株式会社全銀電子債権ネットワーク | 全国銀行協会（100％） |
| 2016年7月7日 | Tranzax電子債権株式会社 | Tranzax（100％） |

（出典） 金融庁ホームページ等をもとにKPMG作成

　指定電子債権記録機関のうち、全国銀行協会のもとに設立された電子債権記録機関である「株式会社全銀電子債権ネットワーク」（以下「でんさいネット」という）は、利用者が取引金融機関経由でアクセスする「間接アクセス方式」を採用し、執筆時点では約600の幅広い金融機関が参加しています。

　本書では、実際に企業または銀行が電子記録債権を取り扱う際に利用する可能性が高いと考えられることから、電子債権記録機関の例として「でんさいネット」を中心に取り上げています。

　「でんさいネット」の2018年9月末時点での利用登録企

業は約45.7万社となっています。2013年度の累計発生記録請求件数が約25万件であるのに対し、2017年度は約225万件まで増加するなど着実に普及が進んでいます。

なお、従来、電子債権記録機関間での電子記録債権の移動はできませんでした（A電子債権記録機関で発生させた電子記録債権は、B電子債権記録機関では利用できない）が、2017年4月にこれを可能とする改正電子記録債権法が施行されました。現在、各電子債権記録機関において、システム対応が行われています。

## 電子記録債権の仕組み

企業が電子記録債権を利用する場合、電子債権記録機関に利用者登録をする必要があります。「でんさいネット」の場合、取引金融機関に利用申込書を提出し、一定の審査を通って利用契約を締結することにより利用可能となります。

「でんさいネット」の利用者は、電子記録債権の利用にあたって特別なシステム等を導入する必要はなく、原則として、取引金融機関の提供する「IB」を利用します。利用者は、取引金融機関の「IB」ホームページにログインし、「IB」のサービスメニューの一つとして「でんさいネット」を利用します。ユーザーインターフェイスについては、金融機関側で「でんさいネット」の要件に合致する

ように独自に開発を行っており、詳細な機能面、画面構成、操作性等は金融機関によって異なっています。

なお、「でんさいネット」は、「FB」や書面（店頭、FAX等）を利用媒体として認めていますが、「IB」の利用を取引条件としている金融機関が大多数です。

「でんさいネット」における「発生記録」の請求方法については、債務者請求方式と債権者請求方式という2方式があります。債務者請求方式は、債務者が振出人となる約束手形のように債務者が発生記録請求を行い、債権者請求方式は、債務者が名宛人となる為替手形のように債権者が発生記録請求を行います。なお、債権者請求方式は、債務者の承諾が必要となるほか、債務者や取引金融機関によっては取り扱わない場合があります。

「でんさいネット」における「譲渡記録」については、譲渡人の譲渡記録請求を受けて「でんさいネット」が譲渡記録を行うことにより譲渡されます。手形にはない電子記録債権の特徴の一つである「分割」は、譲渡人が「分割記録」と「譲渡記録」を請求することにより電子記録債権の一部を譲渡することができます。

また、電子記録債権の支払は、通常、口座間送金決済により、支払期日に債務者口座から債権者口座へ自動的に送金されることにより行われます。

上記の一連の電子記録債権取引のイメージを表したもの

図表3-11 電子記録債権の取引のイメージ

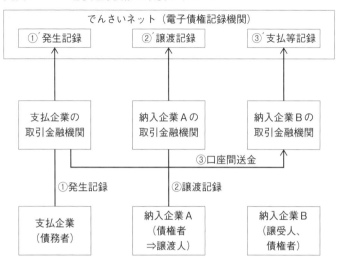

(出典) 株式会社全銀電子債権ネットワーク「でんさいネットの仕組みと実務」

が図表3-11です。

## 電子記録債権の普及に向けた課題

「電子化検討会」の資料によると、2016年の全国の手形交換所における交換高は、金額ベースで424兆円となっており、ピーク時の10％未満と大幅に減少しています。一方で、前述のように近年はその減少ペースが漸減傾向であり、年によっては前年を上回ることもあるなど、一定の根強いニーズが残っていることがうかがわれます。

「実態調査」では、手形の利用をやめない理由として以

下のような指摘があります。

> ・手形「振出」をやめられない理由は、業界慣習が61％、次いで、取引相手が電子記録債権を利用していないが41％
> ・手形「受取」をやめられない理由は、振出側の希望が70％で突出

　このような調査結果から、自社の判断だけで取扱いを変更することが困難という手形の特性をふまえると、メリット等を勘案して手形の取扱いを廃止した企業は、すでに手形の取扱いはほとんど残っていないと考えられる一方、現在も使い続けている企業は、単に電子記録債権のメリットを理由に手形からのシフトを促すだけでは不十分であると考えられます。こうした企業に対しては、「実態調査」が提示したように「紙の手形の廃止」が有効な解決策となりえます。

　一方で、もう一つの理由として取り上げられている取引相手が電子記録債権を利用していないという課題は、言い換えれば、「紙の手形の廃止」によって企業が紙の手形の取扱いをやめた後の対応で、単に手形をやめるだけでなく、いかに電子記録債権の利用につなげるかという課題が残っているともいえます。

取引相手も利用していることが前提となる電子記録債権では、前述の調査でもみられたように取引相手の意向の影響を受けやすく、利用者が十分に拡大するまでは取引相手が利用していないことが拡大の障害となりやすい一方、一定の転換点を境に取引相手から利用を求められるように変わり、そこから普及が加速するという現象が起きやすいと考えられます。

## 今後の電子記録債権の普及と活用の促進に向けた取組みの方向性について

　これまでみてきたように電子記録債権の活用は、企業にとってメリットがあると考えられるものの、電子記録債権を利用しないまたは「紙の手形」を望むなどの取引先の対応に起因する課題や、特に規模の小さい企業において自身の経理業務のIT化に対するインセンティブの欠如といった課題から普及が進んでいませんでした。

　しかしながら、前者については、「紙の手形の廃止」により取引先が「紙の手形」を求めることはなくなり、電子記録債権に対応する可能性が高まるなど状況が大きく改善していくことが見込まれます。現時点で電子記録債権に対応していない企業は、今後「電子化検討会」から公表される「目標時期」と電子記録債権への移行に向けた取組みの強化を注視しながら、電子記録債権への対応について検討

していくことが求められます。

　また、経理業務のIT化についても外部環境は変わりつつあります。電子記録債権に対応するためにIT化するのではなく、視点を変えて、「固定長電文」の廃止と「XML電文」への移行および「クラウド会計ソフト」の台頭や取引（トランザクション）記録を活用した融資や信用供与といった新たな資金調達手段へのアクセスなど、特に中小企業にとっては、経理を含めた業務をIT化するメリットが拡大しつつあるという視点でみれば、経理業務のIT化に対するハードルが下がりつつあるともいえます。

　企業には、「電子化検討会」の議論および電子記録債権の普及状況を注視しながら、電子記録債権が普及した場合の影響と活用方法について積極的に検討していくことが求められます。

# 第 4 章

# XML電文を起点とする企業の財務・決済プロセスのデジタル化によるメリット

# 1 デジタル化による変化

## (1) 決済業務・消込作業の省力化

「総合振込」を利用している企業は、単に「XML電文」に対する必要最小限の対応をとることではなく、このEDI情報欄に格納できるデータ量の拡大という特長を最大限使いこなし、以下に取り上げるような観点を含めた「XML電文」および「金融EDI」を基点とする財務・決済プロセスのデジタル化および高度化へとつなげていくことが肝要です。

### 日本の間接業務の特徴

本章では企業の財務・決済プロセスのデジタル化および高度化のメリットについて取り上げますが、まずは、日本企業における総務や経理などの間接業務の特徴について確認します。日本企業の特徴として、他国と比較して間接業務の効率性の低さが指摘されることが多々あります。その主たる要因として、次のような業務プロセスの存在があると考えられます。

① 書面による重要書類の承認
② 税務関連書類の書面保存
③ 締日による請求
④ 現場オペレーション重視の間接業務

まず、「① 書面による重要書類の承認」について、日本では印鑑による承認確認という業務慣行・文化が根付いており、基本的に正式な書類はすべて書面によるという業務プロセスが構築・維持されている企業は少なくありません。

たとえば、現在でも戸籍謄本や婚姻届など、公的な書類は捺印された書面を提出するということが行われているところがあります（一部電子申請も可能）。このように公的書類が書面を用いてやりとりされることを通じて、日本においては、正式な書類は書面を作成するものという考えが根付いていると思われます。

こうしたことから、企業における業務プロセスにおいて、正式な書類には捺印が必要とされることが多くなってしまうと考えられます。書面で行われるということは、すべての記載、捺印、書類の移動等を、その物理的な書面に対して行わなければならず、非常に効率が悪くなります。仮に、電子化された書類で、承認も印鑑のかわりに電子的

に行えるのであるならば、承認権限者がどこにいようとも決裁が可能であり、書類の移動も瞬時に行うことができます。承認プロセスの電子化ができれば、そのメリットは非常に大きいといえます。

次に「②　税務関連書類の書面保存」について、これも「①　書面による重要書類の承認」に派生する事項ですが、税務関連書類は書面保存が原則となっていました。後述するように、この点は現在一部改正されていますが、改正にあわせて証憑書類[1]を電子化している企業は少ないようです。書面で保存されている限りにおいては書類の打出しの手間や保管スペースの面でもコストがかかることとなります。

「③　締日による請求」については、請求書を取引のつど送付することにかえ、企業ごとに毎月締日を設け、その締日の期間内に販売した商品・サービスに係る代金をまとめて請求することであり、日本固有の慣習の一つです。いわゆる「ツケ」の慣習であり、顧客にとってはつど現金で決済するより、商品やサービスを圧倒的に購入しやすくなること等から、販売促進の一環として根付いたものです。

そのかわりとして、請求する側にとってみれば締日までの請求を正確に取りまとめる必要があり、購入側ではまと

---

1　証憑書類（しょうひょうしょるい）とは、取引などの事実の証拠となる書類。

められた請求が正しいか確認するという事務作業がふえます。これも後述しますが、締日によりまとめられた請求が購入側で支払われた際、対象となる請求についてどの日付に発行されたものまでが含まれているのか検証するのに非常に手間がかかり、売掛金消込の非効率性の最大の要因となっています。

　また、「④　現場オペレーション重視の間接業務」について、これは製造の現場では強みともいえますが、間接業務の現場では必ずしもそうともいえません。すなわち、間接業務の現場において、社内ニーズを満たすためにきめ細かな対応をしており、その代替として効率性を犠牲にしていることが多くなります。これは他国ではあまりみられない傾向です。

　一般に、日本以外の国では、現場のメンバーはマニュアルどおりに仕事を進めることを是としており、それ以上のことをやる傾向はあまりみられません。ただし、間接業務の現場管理者は、全体を俯瞰して効率性を徹底的に追求し、必要に応じて効率的なプロセスに変更し、現場メンバーへ変更したプロセスの実行を指示します。一方で日本では現場メンバーの意見が重視されます。

　この結果、日本では効率性よりもきめ細かな社内ニーズに対応することのほうが優先され、現場管理者はそれを追認するということが多くなります。このため、必然的に日

本の間接業務の品質は高いが、プロセス面では非効率となることが多くなります。

### 最近の動向

近年は働き方改革などを含む「日本再復興戦略2016」や書面の保存を電子文書に置き換えることを可能とする「e-文書法」などにより、日本全体で生産性を上げる取組みが行われています。

これらの環境の変化により、前述の四つの課題についても解消できる環境が整いつつあります（図表4－1参照）。

以下では、これらの課題をとりまく環境の変化について確認していきます。

図表4－1　間接業務の効率性向上に向けた取組み

〈効率性を損なう要因となっている事項〉　　〈効率性を意識した法改正等〉

| 〈効率性を損なう要因となっている事項〉 | 〈効率性を意識した法改正等〉 |
|---|---|
| ⅰ　書面による重要書類の承認<br>ⅱ　国税関連書類の紙面保存<br>ⅲ　締日による請求<br>ⅳ　現場オペレーション重視の間接業務 | ⅰ　「e-文書法」による保存文書電子化の容認<br>ⅱ　2015年・2016年度税制改正による電子書類の保存範囲の拡大<br>ⅲ　XML電文による送金情報への情報付加<br>ⅳ　クラウドベースソフトウェアの普及 |

（出典）　KPMG作成

① 「e-文書法」による保存文書電子化の容認

「e-文書法」とは、いままで書面での保存を規定していた250ほどある各種法律について、それぞれの法律を改正することなく電子保存を可能とする通則法形式[2]の「e-文書通則法」（通称）と、これで手当できない部分を補完する「e-文書整備法」（通称）から構成されます。この「e-文書法」により、ほとんどの紙の資料は電子形式で保存することが可能となりました。

ただし、国税関係書類については、依然、紙の資料で保存しなければならない部分がありますが、これについては電子帳簿保存法により、特定の条件がそろえば電子での保存が可能となっています。しかし、これまでの電子帳簿保存法では、たとえば3万円以上の紙の領収書や契約書は、電子ファイルで置き換えることは許容していませんでした。

② 2015年・2016年度税制改正による電子書類の保存範囲の拡大

国税関係書類の大部分について電子化が推し進められていましたが、2015年・2016年度の税制改正により、3万円以上の領収書や契約書もスキャンで取り込んだ電子ファイルでの置換えが可能となりました。これにより、国税関係帳簿書類の電子データでの置換えは格段に使い勝手がよく

---

2　通則法形式とは、個々の法律を個別に改正したものと同様な効果をもつ法律。

なりました。国税関係帳簿書類の電子化は当局への申請が必要ですが、税務面からも電子ファイルへの置換えができる環境が整ってきたといえます。

③　XML電文による送金情報への情報付加

「XML電文」のなかに非常に多くの情報を付加できるようになったために、消込に必要な情報も一緒に加えることが可能となりました。これによりいままで限られた範囲でのみ可能であった売掛金や未収金などの債権の自動消込も実現可能となる環境が整ったことになります。

④　クラウドベースソフトウェアの普及

いままで社内外のニーズに対応するため、汎用的なソフトウェアをカスタマイズしてきたことが多かったのですが、コストとの関係で思い切って汎用的なパブリック・クラウドベースのソフトウェアを、カスタマイズせずにそのまま導入するケースもふえてきました。間接業務で重要な事項が何であるかを見極めたうえで、過度なサービスはなくしていくという傾向が強くなってきているといえます。

## 消込業務がむずかしい理由と自動化の可能性

日本の間接業務が非効率であったところ、前述のような環境が整ってきたため、非効率性を解消できる条件がそろってきました。これは、いままで難題とされていた債権の自動消込についても可能性がみえてきたことに他なりま

せん。

　いままで自動消込がなぜむずかしかったのかという理由を整理すると、図表4-2に示したように主に4点があげられます。まず、「集計対象の違い」ですが、これは不良品返品、締日間際の取引等で、取引先と自社との間で請求書の集計対象が異なる場合があり、取引先は自身の認識した請求金額で振込を行うため、自社の集計と「ずれ」が発生してしまうことを原因としています。

　また、「相殺の認識違い」については、前払金や銀行振込手数料、リベート分などの相殺金額の認識が取引先と異なる場合があり、これにより自社の振込予定額と異なることがあります。

　「集計方法の違い」については、取引先により請求書を部署ごとにまとめたり別々にしたり、集計方法が異なる場合があり、取引先ごとの集計方法があっていない場合に発生します。また、「送金データの限界」については「XML電文」が導入される前では、銀行送金で付加できる情報が限られ、消込をするのに十分な情報が不足していたためです。これらの理由により自動消込ができず、最終的には電話での問合せや債権担当者の長年の勘などにより、人手を介した債権の消込をせざるをえませんでした。

　ところが今後、「XML電文」が導入され、振込情報にさまざまな情報を付加できるようになれば、その情報をキー

## 図表4−2 消込を困難にさせる四つの理由

集計対象の違い

不良品返品、締日間際の取引等で締日までの集計対象が異なる

相殺の認識違い

前払金や振込手数料、リベート分などの相殺金額の認識が異なる

集計方法の違い

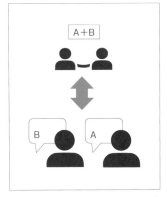

クライアントにより請求書の部署ごとの集計方法が異なる
(出典) KPMG作成

送金データの限界

送金データが固定長20桁であり、付加できる情報に限界がある

図表4-3　自動化のキーとなるXML情報

```
                    XML電文のイメージ

  <業界区分>            121234           </業界区分>
  <請求書番号>          121234           </請求書番号>
  <取引日> 2017.03.12 </取引日>
  <支払通知番号>        121234         </支払通知番号>
  <税額>   121234                       </税額>
  <支払人企業法人コード> 1212345121234 </支払人企業法人コード>
                           ・
                           ・
                           ・
```

(出典)　KPMG作成

にして、いままでむずかしかった自動消込も可能となります（図表4-3参照）。この場合、情報としては請求書番号があれば対象となる請求書が判別できるため、おおよその消込ができることになります。また、支払通知書を発行している場合は支払通知書番号なども有効となります。

## (2) 経理業務のSTP化

### いっそうの自動化のための施策

さて、前項では「XML電文」により消込に必要な情報を付加することができ、これを用いれば自動消込が可能であることを述べました。たしかに振込をされた側では消込に必要な情報があれば、自動消込が可能となり、格段に負

荷が削減されることが想定されます。ところがこの付加情報を入金のつど、振込側ですべて手入力するとなると、振込側の負担が大きくなってしまいます。

仮に上流工程でこれらの情報を保持しているならば、振込に際してあらためて情報を入力する必要はないため、負荷もあまりかかることはありません。この点、流通業などの特定の業界では受発注の情報を電子情報である標準EDIでやりとりしており、その情報をそのまま利用できれば、契約段階から決済まで一気通貫の自動化、すなわち「STP」化が可能となります（図表4－4参照）。

この「STP」とは、もともとは証券市場において検討されてきた概念ですが、企業の間接業務でもこの「STP」化

図表4－4　STPによる商流EDIと金融EDIの連携

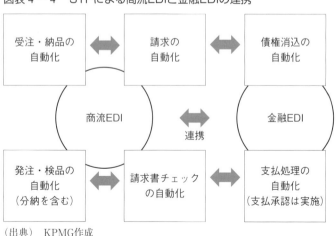

（出典）　KPMG作成

ができる条件がそろってきました。ただし、上流工程のEDI（以下「商流EDI」という）は産業ごとに規定されており、特定の産業によっては標準のEDIが十分整備されていない場合や、整備までに時間がかかる場合もあります。このため、消込に必要な情報も当面は請求書番号や支払通知番号以外にも付加情報が必要となることが想定されます。

なお、EDIの情報は最終的には産業間を通じて、また、国際的にも標準化されていることが求められます。当面は国連CEFACTで整備された共通辞書をうまく利用しながら、産業間・国際間の自動消込を実施する必要があります。

## 企業財務のデジタル化

「XML電文」と「商流EDI」が整備されれば、上流工程までさかのぼって自動化の範囲が広がることになります。また、前述の電子帳簿を導入すれば物理的な作業をさらに削減することができます。

この電子帳簿や「商流EDI」を含め、できるだけ電子データに移管することができれば、広い範囲での自動化が促進されることになります。

また、書類を電子データに置き換えることができればRPA（Robotic Process Automation）を導入する素地がそろうことになります。このRPAは、デジタルレイバーとも

呼ばれ、事務処理をロボットで行うことをいいます。ロボットといっても自動車工場でみられるような、人に近いかたちをした機械ではなく、パソコン上にあるソフトウェアを指します。つまり、物理的な作業はできず、あくまでパソコン内のデータ処理を自動化するものです。

そのため、書面データなどは電子スキャンおよびOCR[3]などで電子ファイルに置き換えなければRPAでは処理することができません。逆に紙の文書を電子に置き換えれば、上流工程のEDIデータと「XML電文」を利用した「STP」化、さらには決済処理以外でも広い範囲でRPAによる自動化が可能となります。

また、自動化だけではなく、電子化されたファイルは、財務分析の面でも情報が途切れることなく一気通貫の分析が可能となります。まさしく企業財務のデジタル化が可能になるといえます。現段階ではRPAの処理は、プログラムなどのルールに基づいた処理を行っていますが、徐々に機械学習やAI（人工知能）を取り入れ、より人間に近い判断ができるようになってきています。今後の革新的なテクノロジーの恩恵を受け、企業財務をよりいっそうデジタル化するためには、書類の電子化は必須といえます（図表4 - 5参照）。

---

3 　OCR（Optical Character Recognition）とは、電子スキャンなどで読み取ったデータをコンピュータで利用できる文字データなどに変換する技術。

図表4−5　RPAによる企業財務のデジタル化

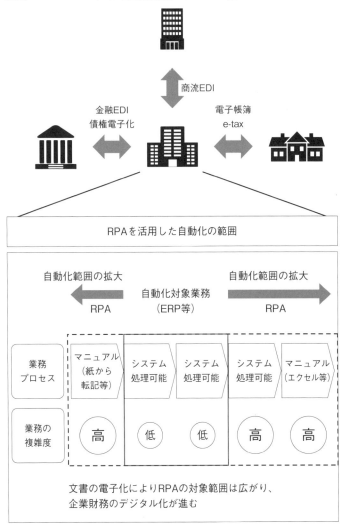

（出典）　KPMG作成

## XML電文を利用したSTP化へ向けた準備

「XML電文」を契機に上流工程までさかのぼってプロセス全体を自動化(STP化)する条件が整ってきていますが、「商流EDI」の整備などしばらくの間は環境整備に時間がかかることが想定されます。

一方で、環境が整備されるまでの間に準備しておくべき事項もあります。図表4-6では、特に時間がかかるであろう事項をあげていますが、やはり、書面文書の電子化が最も重要な準備事項といえます。特に、税務関係書類の電子化である電子帳簿保存法への対応や承認の手続の電子化などは、いままでの考え方を変更する必要がありますので、役員を含め十分な説明とともに進めていくことが必要となります。

また、電子化されたファイルを効率よく自動化するため

図表4-6　STP化に必要な準備

| |
|---|
| ・紙面文書の電子化 |
| ・電子帳簿保存法への対応 |
| ・承認の電子化等、紙の手続の排除 |
| ・グループにおけるコードの統一 |
| ・請求書番号の整備 |
| ・中小取引先への対応 |

(出典)　KPMG作成

にはグループ内で取引先などのコードの統一も必要となります。システムの制約がある可能性はありますが、法人コードなどをうまく利用することも一つの方法です。

さらに、「XML電文」の自動化のためには請求書番号の整備も不可欠です。これは、再発行の場合の採番ルールなども含めて検討しておかなければなりません。このように自動化に向けた自社内の準備が必要ですが、取引先の事情も考慮しておかなければなりません。

特に、取引先が中小企業である場合、先方では請求書番号が整備されていなかったり、EDIを導入していなかったりする場合もあります。このような会社に対してインセンティブなどのサポートを含め、どのように対応しておくべきかいまから検討しておくことが必要です。

# 2　EDI情報の活用

## (1) 電子領収書としての利用

「電子領収書」については、紙の手形と比較した場合の電子記録債権のメリット同様に印紙税が不要になる、控えを含む領収書の作成・郵送（輸送）・保管にかかるコストが大幅に削減されるなど企業にとっては大きなメリットがあります。

一般的な領収書の記載事項は、図表4－7に掲げる5項目ですが、「金融EDI」の商流情報に振込情報にはないこれらの項目を満たす情報が含まれている場合は、「電子領収書」を作成することが可能になります（下記のEDI情報

図表4－7　領収書記載事項および対応する金融EDI情報

| 領収書記載事項 | camt電文上の項目 |
| --- | --- |
| 発行者 | 口座名／金融EDI情報（受取人企業名） |
| 取引日時 | 勘定日 |
| 取引内容 | 金融EDI情報（支払通知番号、請求書番号等） |
| 金額 | 金額／取引金額 |
| 書類の受取人 | 振込依頼人名 |

（出典）　全国銀行協会作成「電子領収書の手引き」

は、図表Ａ－３：金融EDI情報として格納すべき商流情報から抽出)。

## (2) データ分析による金融ニーズの把握

### データがビジネスを変える

2014年頃には、毎日のように新聞紙上で「ビッグデータ」という言葉が紙面を賑わしていましたが、昨今は「ビッグデータ」というだけで大きく取り上げられることは少なくなりました。しかし、FinTechの本質は、あくまでデータの活用にあり、逆にいえばデータがなければFinTechは成り立たないといっても過言ではありません。

「データは21世紀の新しい天然資源である」とはIBMのCEOであるジニー・ロメッティの言葉ですが、まさにデータは石油とは異なる役割で多くの価値を企業にもたらしています。今回の全銀手順の大幅な見直しの観点からいえば、企業間取引のデータが、「XML電文」化に伴うデータ項目の増大により、商品名や個数など、決済の詳細情報が得られるようになり、新たな用途で使える可能性がみえてきています。この章では、企業間取引のデータを使うことによる新たなビジネス上の価値について述べていきます。

## 売上明細データの活用

「固定長電文」から「XML電文」の可変長データに変わることでより多くのデータを記述することができます。たとえば、注文明細としての商品名と個数です。いままでの決済データは取引先ごとの総額としてまとまってしまっていたため、何が何個売れたのかという基本的なデータがとれませんでした。そのため売上げの明細を確認するためには、注文書情報やPOSデータなどと突き合わせたうえでのなかのどの部分に対する支払なのか、取引先ごとに期間内の売上げを計算して類推する必要がありました。

入金消込を行う際に、経理側では合計金額が合わないのでわからないことがあり、そのつど発注元部門の担当者に問合せを行い、それでもわからなければ、取引先の担当者に確認を行うという手続をとらざるをえませんでした。

全銀手順のXML化により、振込情報に売上げの明細も付与することが可能となるため、何に対する支払なのかが明確にわかり、プログラムをつくればシステムで突合して入金消込を自動で行うことができるようになります。まず期待されているのはこの消込作業の省力化であり、それだけでも十分業務効率の向上が期待されています。

このように、注文の明細がわかるのであれば、決済データを分析して新たな気づきを得ることができるようになり

ます。いままで、振込情報と明細を紐づけて分析するためにBtoCの現場ではさまざまな工夫が行われています。

　もちろんPOSデータを分析することで何が何個売れたのかを分析することはできますが、だれが買ったのかはわかりません。またクレジットカードの振込情報は、どこでいつだれがいくら使ったのかはわかりますが、何を買ったのかといった明細などはまったくわからないため売上げの詳細分析には使えないデータでした。

　売上げを分析するためによく使われているのは、会員カードへのポイント機能の付加です。商品を購入した際に消費者がポイントカードを提示してくれれば、だれが何を何個買ったのかというデータを付与することができます。クレジットカードと紐づければ、だれがどこで何にどのくらいお金を払ったのかがすべてわかるようになります。

　このようにクレジットカードとポイントカードを組み合わせることで、だれが何を何個いくらで買ったのかを知ることができます。同じように全銀XMLによって合計金額だけでなくだれに対する何の売上げなのかがわかることで、単なる決済データが分析に使える宝の山に変わります。XMLで記述されていれば、単純なテキスト形式となっているため、プラットフォームにかかわらず利用することができます。「全銀システム」の1日の振込取扱件数は600万件といわれているため、今後各社が自社の決済

データと商流データを組み合わせてさまざまな分析を行っていくことが考えられます。

### サプライチェーン・ファイナンス

また、企業間取引のデータが明細レベルでわかるのであれば、この内容をもとに金融機関が与信判断に使うことも可能となります。これは、2014年頃に検討されていた「サプライチェーン・ファイナンス」という概念を実現できる環境がまさに整いつつあると考えられます。

金融にかかわる売掛債権・手形・電子記録債権などを活用した融資、また、物流部分における在庫をベースとしたABL（Asset Based Lending）、商流情報を用いたPO（Purchase Order）ファイナンスなど、決済だけではないさまざまなデータと融合して使うことで金融機関がより早い段階で融資を判断することも可能になります。そのためには企業間の生産・販売・決済・債権などさまざまな情報を有機的に連携させ、リアルタイムに近い分析を行っていくことが必要になります。

たとえば、ABLは、企業の在庫を担保に融資する手法ですが、従来は、在庫の推移をモニタリングする手間が大変であったため、なかなか普及させることができませんでした。また、データ量が少なければ動産の評価に関しても統一の基準をつくることがむずかしくなり、期間内の回転

率に伴ってどのように変化させるのかという判断など、結局のところ企業と密にコンタクトをとりながら、人の感覚に頼った判断で融資を継続するしか方法がありませんでした。

今後は、受発注のデータを明細で入手しながら、理論在庫の数を把握することも可能になってきます。システムで自動的に行うことができるようになれば、サンプル数をふやすことができるようになり、適切な与信モデルを構築することも可能になってきます。

POファイナンスにおいても決算データに反映されていない営業の状況を早期に把握することで、不良債権の発生を未然に防ぐような信用リスク管理が可能になってきます。さまざまな企業間データをリアルタイムに把握することができるようになれば、システムで継続的に常時モニタリングすることも可能です。常時監視するということは、従来の人手による後追いの調査とは異なり、圧倒的に速く、また網羅性も担保したかたちでリアルタイムに経営状況をモニタリングすることができるようになります。

モニタリングするにはあまりにも大量のデータとなるため、AIを利用して問題のパターンのアルゴリズムを構築することも必要になってきます。たとえば、特定の品目の発注が急激に増大している際に、過去の受注情報の動きと照らし合わせて、危険な兆候が出ているようであれば、融

資判断を見直すようなアラートを出すこともできるようになります。金融機関としては、支払のデータと入出金の予測から追加の融資を経営者に促すことも能動的に行うことも可能になります。

## 企業グループ内での活用

企業間データを使ってAIによる融資判断ができるようになるのであれば、金融機関にかかわらず企業グループ内やサプライヤーに対しての融資などがより活発に行われる可能性が出てきます。実際、日本の中小企業が最も資金繰りに困っており、決算が出る前にPOファイナンスなどを必要としていますが、大手企業の内部留保はふえる一方であり、良質な投資案件でもなければ、リスクが少なく利率の低い運用に回されるだけです。発注側がサプライヤーに対してのタイムリーな融資を行うなど、特定の企業グループ内で資金の融通が活発に行われるようになれば、資金繰りに奔走せずに安定した経営が可能となり、当該企業グループ全体が活性化され、競争力が高まることが予想されます。

## 海外事例

デンマークのTradeShift[4]という会社は、購買から販

---

4 https://tradeshift.com/enterprise/solutions/pay/

売、請求までのサプライチェーンを簡単化、自動化するプラットフォームを運営しています。取引相手のリスク分析、キャッシュ管理＆ファイナンスツール、未払いのインボイスを取引できるプラットフォームを提供し、すでにHSBC、サンタンデール、アメリカンエクスプレスなどと提携しています。インボイスを取引できるプラットフォームにはブロックチェーンを利用しています。

米国のTaulia[5]という会社は、サプライヤーの管理とともに、サプライチェーンにかかわる資金管理プラットフォームを運営し、サプライヤーに対する支払を早期に行うことでディスカウントを受けられるサービスを提供しています。また、自社資金によるサプライチェーン・ファイナンスをオンラインで提供もしています。サプライヤーではなく購入者にプラットフォームを利用してもらうかたちでサービスを提供していることも特徴となっています。

英国のEbury[6]という会社は、中堅企業向けの為替取引、為替リスク分析＆ヘッジ、海外における回収・支払口座、貿易関連のインボイス自動化、貿易金融などを提供しています。自社でSwiftに加盟することで中間銀行を経由しない為替送金を実現することができています。

シティバンクなどが大手企業向けに提供している為替取

---

5　https://taulia.com/en/
6　https://www.ebury.com/

引、リスク分析＆ヘッジサービスをSMEにも提供できることを目指しています。APIでつなぐことで顧客が自社のシステムと連動して使うこともできます。

### まとめ

振込情報のXML化の話から大きく飛躍してしまいましたが、単なる業務処理のための情報が活用可能なデータとなれば、他のデータとの組合せにより可能性は無限に広がっていきます。特に、金融の活性化のための情報が有効活用されるようになれば、企業の競争力の向上と日本経済全体の活性化につながる可能性があります。人口減少や少子高齢化などで停滞している日本経済の起爆剤として企業間データが有効活用されるようになることが望まれます。

# 3 電子記録債権の活用

## (1) 資金回収の早期化

　売掛債権の早期資金化手段として、手形の場合、手形割引やファクタリングといった手段がありますが、「金融EDI」情報を活用して資金管理プロセスをデジタル化することによって、資金回収の早期化といった新たな早期資金化手段の選択が可能になると考えられます。

　一つは、購入先企業の協力を前提に受発注・納品から実際の手形振出までの期間を短縮することが考えられます。現状の商慣行では取引を1カ月単位で締め、その1カ月後に手形または振込で支払いますが、手形割引やファクタリングは実際に手形が振り出されるまでは実行できません。

　これに対して、受発注・納品に係る情報をデジタル化することにより、データ連携を通じて発注・納品・支払等が直ちに認識され、早期に締めることが可能になり、購入先企業の早期手形振出を通じて資金回収の早期化につながる可能性があります（図表4-8）。

　ただし、購入先企業にとって納品のつど手形を振り出していては、印紙税負担や支払サイトが短縮されるというデ

図表4-8　早期資金化手段の比較

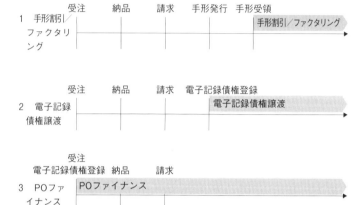

(出典)　各種資料をもとにKPMG作成

メリットが発生します。

　二つ目の資金回収の早期化手段として、「金融EDI」情報を活用して、紙の手形ではなく、電子記録債権を活用することが考えられます。

　納品時から電子記録債権を発生させることにより、支払側は従来の支払サイトを維持しつつ、受取側は早期の電子記録債権を担保とした融資やファクタリングを活用できるようになります。これによって資金効率の向上が可能になると考えられます。

## (2)　ファクタリング・売掛債権担保融資活用の容易化

　電子記録債権の普及が進むなか、FinTechを活用した新

たな金融サービスを組み込む動きがみられます。2016年7月に銀行系列以外の企業として初めて電子債権記録機関に指定された株式会社Densaiサービス（現在のTranzax電子債権株式会社）は、中小企業が大企業に対して有している売掛債権などの金銭債権を電子記録債権化したうえで、一括して買い取るサービスも展開しています。

経済活動の基盤となる資金決済プラットフォームである銀行間ネットワークの変革は、多くの企業に一定の影響を及ぼす一大プロジェクトです。企業においては、こうした背景もふまえ、単に必要最低限の対応のみ実施するのではなく、一連の改革を通じてもたらされる新たな機能を最大限に活用し、自社の競争力強化につなげていくことが求められます。

## (3) 電子記録債権の活用メリット

企業および銀行にとって電子記録債権を活用することには下記のように多くのメリットがあります。

まず、企業にとって電子記録債権の活用は、売掛債権管理といった経理業務を効率化するだけでなく、資金調達手段の多様化を通じた財務の高度化にもつながるなどいくつものメリットがあります。

また、銀行にとっても手形に係る事務コストの削減につながるだけでなく、取引先に対して後述する一括決済方式

など電子記録債権の特徴を生かしたサービス提供が可能になるほか、シンジケートローンの証券化が容易になるなど多くのメリットがあります。

「XML電文」への移行および「金融EDI」の導入を基点として、今後企業の財務・決済プロセス全体の高度化が進展する場合、企業自身や電子決済等代行業者が提供する「クラウド会計ソフト」等のFinTechサービス等を通じた財務・決済プロセスの高度化が進み、売掛金管理のデジタル化ともいえる電子記録債権の利用拡大が加速していく可能性があります。

## 企業が手形の代替として利用するメリット

前述のように電子記録債権は、指名債権および手形の問題点を克服するさまざまな特徴があるほか、企業が実際に活用するにあたって以下のようなメリットがあります。

① 支払企業（債務者）のメリット
　・パソコンやFAXなどで電子記録債権の発生・譲渡等を行うことにより、手形の発行・交付に係る事務負担、保管コスト、紛失・盗難リスク等を削減
　・手形と異なり、印紙税が非課税

前述の「電子化検討会」における「実態調査」では、手形を振り出す側が「でんさい」を活用することによる社会的コストの削減額を497億円と算出しており、内訳として

最も大きいのが手形印紙代の削減272億円、次いで事務効率化に伴う人件費削減162億円となっています。
② 納入企業（債権者）のメリット
・手形の保管コスト、紛失・盗難リスクの削減
・支払期日に自動的に口座入金されるため、取立手続が不要
・領収書を発行する場合、電子記録債権と明記することにより印紙代が不要

前述の「電子化検討会」における「実態調査」では、手形を受け取る側が電子記録債権を活用することによる社会的コストの削減額を617億円と算出しており、内訳として最も大きいのが領収書印紙代の削減額272億円、次いで人件費削減198億円となっているほか、銀行取立手数料も103億円の削減となっています。

## 企業が資金調達手段として活用するメリット

電子記録債権は、売掛債権や手形と同様に、電子記録債権を担保として融資を受けたり電子記録債権を譲渡して現金化するファクタリングを利用したりすることが可能です。

むしろ、債権の不存在や前述の二重譲渡リスク、人的抗弁等のリスクが削減されている電子記録債権のほうが担保融資やファクタリングを受けやすいと考えられることは一

つのメリットと考えられます。

また、電子記録債権の特徴を生かした以下のような資金調達手段の利便性が向上することもメリットと考えられます。

---
一括決済方式

親事業者、下請業者および銀行等の三者契約に基づく下請代金債権の銀行への債権譲渡および銀行による下請代金債務の引受け等を通じた銀行から下請業者への下請代金相当額の支払および親事業者から銀行への下請代金相当額の支払を行う「一括決済方式」を指名債権の譲渡等に伴うコストとリスクを電子記録債権の活用により軽減して実施

---

## 銀行が電子記録債権を活用するメリット

銀行は、手数料というかたちで手形を取り扱うことに係る負担を一定程度カバーしていると考えられることから、企業と異なり印紙税といった直接的なコストの削減というよりも、以下のような電子記録債権を活用することによる負担の軽減がメリットとしてあげられます。
・手形の管理業務に係る負担の軽減
・手形交換所等を通じた銀行間の手形交換に係る負担の軽減

また、電子記録債権の特徴を生かした以下のような活用方法も銀行にとってメリットになると考えられます。

> シンジケートローンへの活用
>
> 複数の金融機関が協調して一つの融資契約書に基づき同一条件で融資を行うシンジケートローンに電子記録債権を活用することにより、「分割」・「譲渡」機能を活用したローン債権の流動化が容易になることで同ローンへの取組みを促進

# 高度化に関する議論の経緯と規制の動向

# 1 企業の成長力強化のための FinTechアクションプラン

　本書では、「XML電文」への移行と「金融EDI」の導入、さらには「手形・小切手機能の電子化」という、現在わが国で進行中の決済手段のデジタル化が、従来の銀行を中心としたBtoB決済をどのように変え、そのことが、中小企業等の経営高度化や生産性および資金効率の向上をもたらす可能性についてみてきました。

　これらの改革は、政府の「未来投資戦略2017」に掲げられた「アクションプラン」に示された「決済インフラの進展」の柱を成すものです。ただし、「XML電文」への移行と「金融EDI」の導入は、「アクションプラン」に先立つ2015年12月に公表された金融審議会「決済高度化WG報告」に盛り込まれており、また、経済産業省は2016年8月以降、産業界とともに「金融EDIにおける商流情報等のあり方」を研究してきています。

　本セクションでは、「アクションプラン」に集約された「企業の成長力強化のためのFinTech」への取組みに向けたさまざまな官民による議論の経緯を整理するとともに、制度設計の最新動向と今後の見通しを解説しています。現

在進行中のBtoB決済デジタル化の背景と内容をより深く研究する際の手引きにしてください。

## (1) アクションプランの策定の前段階

### 決済業務等の高度化に関するワーキング・グループ
──固定長電文からXML電文への移行

　初めて企業間の送金指図フォーマットの「固定長電文」から「XML電文」への移行およびXML形式の送金指図等に「EDI情報」を付加する取組みが示されたのは、前述のとおり、金融審議会が2015年12月22日に公表した「決済高度化WG報告」です。同報告では図表A−1に示した提言がされました。

　なお、同報告では、「XML電文」への移行および「金融EDI」の導入に係る具体的な検討を進める主体について、「全面移行の時期やXML電文に全面移行する範囲（現時点では、総合振込による企業間のBtoBの国内送金指図を想定し、個人向けや給与振込等は含まれない）については、利用者たる産業界の意向を幅広くふまえて決定されることが考えられる」とし、金融審議会とは異なる主体による取組みの推進を提言していました。

図表A-1　決済高度化WG報告におけるXML電文への移行および固定長電文の廃止に係る記述

> 決済を含む金融取引に使用される電文は、情報量や情報の互換性等の点で優れているXML方式が国際標準（ISO20022）となっており、欧米では計画的に移行が進んでいる。我が国においても企業間送金についてXML電文への全面的移行を行うなど、決済インフラの抜本的機能強化が必要であると考えられ、この観点から、以下の行動プランの着実な実行が期待される。
> ・<u>平成30年（2018年）ころを目途に、全銀システムの加盟金融機関が参加する新しいシステム（「金融・ITネットワークシステム（仮称）」）を構築し、サービスを開始するとともに、平成32年（2020年）までに、企業間の国内送金指図について、現行の固定長電文を廃止し、XML電文に全面移行する。</u>
> ・この新しいシステムにおいては、企業からのXML電文による国内送金指図の受付機能を実装するとともに、最新の国際標準の先取的な採用（大量のタグ付きEDI情報の付加）を行う。これにより、企業は、振込情報と商流情報を連携させることによる、決済事務の効率化・高度化や、EDI情報を活用した自社事業の定量分析、新たなビジネスチャンスの発掘などが可能になる。
> ・さらに、新システムをベースに、人工知能（AI）を活用したビッグデータ分析・活用機能等の追加を検討する。

（出典）　金融審議会「決済業務等の高度化に関するワーキング・グループ報告〜決済高度化に向けた戦略的取組み〜」金融庁ホームページ

## 決済高度化官民推進会議（2016年6月および2017年1月）――金融庁から全国銀行協会へ

「決済高度化WG報告」に基づく「XML電文」への移行に関する検討はその後、全国銀行協会に引き継がれまし

た。そして、全国銀行協会における「XML電文」への移行および「金融EDI」の導入に係る検討および進捗状況については、2016年6月に設置された「官民推進会議」において、おおむね半年に1度のペースで定期的に同協会より報告され、本書執筆時点では、2018年6月に第5回の「官民推進会議」が開催されています。

これまでの5回のすべての会合では、全国銀行協会より「XML電文」への移行について報告されていますが、ここでは、重要なポイントとなる会合およびその報告内容について抜粋して紹介します。

まず、2016年6月に開催された第1回会合では、全国銀行協会より「XML電文」への移行に係る取組みについて、「XML電文への移行に関する検討会」を2016年2月に設置し検討を開始していること等が報告[1]されました。

「XML検討会」においては、「XML電文」への移行の対象となる取引について、移行効果が見込まれる大量のEDI情報の付記が可能な電子ファイルを用いた企業送金を対象として検討されていることが紹介されました。具体的には、「一括ファイル伝送」のうち個別金融機関接続、および「IB」のうちファイルアップロード・ダウンロードによる「総合振込」を移行対象の取引とし、大量のEDI情報の付記がむずかしいFAX振込サービス、テレフォンバン

---

1　https://www.fsa.go.jp/singi/kessai_kanmin/siryou/20160608/04.pdf

キング、ATM、窓口による振込、および消込作業が想定されない給与振込や賞与振込等を移行対象外としています。

また、中小企業および小規模事業者向けに簡便に「金融EDI」を利用できる制度についても検討されています。

なお、「金融EDI」を活用した決済関連事務の合理化については、流通業界および自動車部品業界における実証実験で、受取企業側において年約400時間（中堅製造業）から約9,000時間（大手小売業）の合理化効果が確認されたことなどが紹介されました。

2017年1月の第2回会合では、全国銀行協会より「XML電文」に対応した新システムの運営主体を一般社団法人全国銀行資金決済ネットワーク（いわゆる「全銀ネット」）とすることなどが報告[2]されました。

## 日本再興戦略2016──XML電文化の効果

2016年6月に公表された「日本再興戦略2016」においては、「XML電文」への移行および「金融EDI」の導入について図表A‐2のように記述されています。

実はこの時点では翌年の「アクションプラン」や「手形・小切手機能の電子化」について言及はありませんが、「XML電文」への移行と「金融EDI」の導入に向けた取組

2　https://www.fsa.go.jp/singi/kessai_kanmin/siryou/20170111/01.pdf

図表Ａ－２　日本再興戦略2016におけるXML電文および金融EDIに関する記述

| 2016年6月「日本再興戦略2016」 |
| --- |
| 金融高度化を推進するため、企業間の銀行送金電文を、2020年までを目途に国際標準であるXML電文に移行し、送金電文に商流情報の添付を可能とする金融EDIの実現に向けた取組を進める。また、中小企業等の生産性向上や資金効率（キャッシュコンバージョンサイクル：CCC）向上など、XML電文化の効果を最大化する観点から、産業界および経済産業省において、金融EDIに記載する商流情報の標準化について、本年中に結論を出す。 |

（出典）　日本再興戦略2016

みとともに、「XML電文化の効果」を最大化する観点から、「金融EDI」に記載する商流情報の標準化に向けた取組みを後押ししています。

## 経済産業省「金融EDIにおける商流情報等のあり方検討会議」——商流情報の整理

2016年8月、前述の「日本再興戦略2016」において言及されている「金融EDI」に記載する商流情報の標準化を検討するために「金融EDIにおける商流情報等のあり方検討会議」（以下「商流情報検討会議」という）が経済産業省に設置されました。

「商流情報検討会議」では、商流情報と振込情報の連動による受発注から資金決済までの過程を電子的に自動で行

う「STP」化を通じた中小企業等の生産性向上・資金効率向上を目指して、「金融EDI」に付加する商流情報のあり方について検討されました。これは、「日本再興戦略2016」にあげられた「XML電文化の効果」に相当します。

具体的には、受発注から資金決済までの商流全体を通じた「STP」化による全体的効率化に向けた課題として、業

図表A-3　金融EDI情報として格納すべき商流情報

| 管理上利用する項目 |
| --- |
| 業界区分 |
| データ区分 |

| 最低限必要な項目 |
| --- |
| 支払通知番号 |
| 支払通知発行日 |
| 請求書番号 |

| IT化推進による事務合理化に必要と思われる項目 |
| --- |
| 受取人企業法人コード |
| 請求先企業名 |
| 請求先企業法人コード |
| 支払金額（明細） |
| 税額 |
| 税区分 |
| 税率 |

| 利用可能とすべき項目 | |
| --- | --- |
| 支払番号 | 製品コード |
| 受取人企業連絡先電話番号 | 製品名 |
| 支払人企業連絡先電話番号 | 支払内容 |
| 請求先連絡担当者 | 契約名 |
| 請求先連絡先部門 | 締日 |
| 請求先電話番号 | 入金予定日 |
| 行番号 | 納品伝票番号 |
| 発注番号 | 請求書発行日 |
| 受注番号 | 金額相殺理由コード |
| 単価 | 相殺金額 |
| 数量 | 受取人企業名 |
| 納入番号 | 支払人企業名 |
| 納入日時 | 支払日時 |

（出典）　金融EDI情報として格納すべき商流情報の整理について

界間で商流EDIのフォーマットが異なることをあげ、「国連CEFACT」における国際標準なども参照しながら、「金融EDI」情報として最低限格納すべき項目やその方法を検討し、2016年12月に「金融EDI情報として格納すべき商流情報の整理について」[3]を公表しました。そこでは、「金融EDI」情報として格納すべき商流情報を図表A－3のように特定しています。

## (2) 未来投資戦略2017
―― 企業の成長力強化のためのFinTechアクションプラン

「アクションプラン」が最初に示されたのは2017年6月に公表された政府の成長戦略である「未来投資戦略2017」においてです。「未来投資戦略2017」は、「金融EDI」の活用を起点する企業の財務・決済プロセス全体を一括して高度化する「企業の成長力強化のためのFinTechアクションプラン」について図表A－4のように記述しました。

「アクションプラン」は、六つのアクションから構成されていますが、「XML電文」への移行および「金融EDI」の導入による効果を最大化するための、企業会計のIT・クラウド化や商流情報の標準化および「全銀システムの24時間365日対応化」などの施策まで含めると、六つのアク

---

[3] http://www.chusho.meti.go.jp/koukai/kenkyukai/kinyuedi/2016/161222kinyuedi.pdf

## 図表Ａ－４　未来投資戦略2017におけるFinTechアクションプランに係る記述

| 2017年6月「未来投資戦略2017」 |
|---|

企業の成長力強化のためのFinTechアクションプラン

　XML新システムの整備を契機に、企業の財務・決済プロセス全体の高度化を図る観点から、金融EDI活用を起点として、企業の財務・決済プロセス全体を高度化する「企業の成長力強化のためのFinTechアクションプラン」を推進する。その際、オールジャパンでの電子手形・小切手への移行について検討を進める。

① 　中小企業等を含む企業会計のIT・クラウド化
・経済産業省において、産業界と連携し、中小企業等におけるバックオフィス業務の効率化等に資するIT・クラウド化の状況について、現在実施している取組を踏まえ、より適切な目標値等について検討する。
・中小企業等のバックオフィス業務の高度化やデータを活用した新たな法人向け融資サービスの活用につながるクラウドサービス等の導入の推進に向けた取組を進めるとともに、企業の健康診断ツールである「ローカルベンチマーク」も活用し、FinTech導入先進事例を創出する。
・電子決済等代行業者による電子帳簿保存法への対応を推進する。

② 　商流情報のIT化の推進
　2020年度までに、金融EDI情報として格納すべき商流情報の標準化項目の普及を図るとともに、業種を超えた企業間のEDI連携をさらに推進する。

③ 　全銀システムの24時間365日対応化等
　来年中に、全銀システムの24時間365日対応化を実現するとともに、法人のネットバンキング利用の推進に向けて、進捗状況のフォローアップを開始する。

④ 　金融EDIの推進等による金・商流連携の推進
・金融機関におけるXML電文化について、来年中のXML新システム稼働と、2020年までのXML電文への全面移行について着実に取り組む。
・本年秋以降、金融関係業界において、金融庁と連携しつつ、ブロックチェーン技術を活用した決済・物流情報の管理に係る実証実験を実施する。

⑤ 　XML新システム等のデータを活用した融資サービス・税務対応の容易化等
　XML新システム等のデータを活用（商流情報分析等）した融資サービスや税務支援（XML新システムによる税務対応支援（電子領収書の発行等））を検討する。

⑥ 　オールジャパンでの電子手形・小切手への移行
　手形・小切手について、企業・金融機関双方の事務負担を削減するとともに、ITを活用した金融サービスとの連携を可能とする観点から、全面的に電子的な仕組みへと移行することについて、官民が連携した検討を推進する。

（出典）　未来投資戦略2017

ションのうち「手形・小切手機能の電子化」を除く五つのアクションが「XML電文」への移行および「金融EDI」の導入を起点としているか、効果を発揮するための環境整備に関連していることがわかります。

ここでは、「アクションプラン」における「手形・小切手機能の電子化」以外のアクションのうち第4章までで詳しく触れなかった二つのアクションについて補足します。

### 全銀システムの24時間365日対応化

これまで「全銀システム」は、稼働時間が平日の8時30分から15時30分に限定されていました。このため、他行宛振込の場合、当該稼働時間中であれば、リアルタイムで振込先の口座に着金しますが、平日夕方以降から翌日の朝および土日祝日に行われた他行宛振込については翌営業日朝に振込先の口座に着金されていました。

「全銀システムの24時間365日対応化」とは、「全銀システム」の稼働時間を平日の一定時間に限定するのではなく、文字どおり24時間365日稼働させて他行宛振込の利便性を向上させる取組みです。この稼働時間の拡大は、2018年10月9日から開始されています。

稼働時間の拡大は、「全銀システム」の現行の稼働時間では未対応の時間帯をカバーするための新しいプラットフォーム（以下「モアタイムシステム」という）を現行シス

テムとは別に構築することで実現します（図表Ａ－５参照）。

この拡大した時間帯への金融機関の接続は任意ですが、2018年６月末時点では、107[4]の金融機関が参加を表明しています（現行の全銀システムの参加金融機関数は約1,300）。

「モアタイムシステム」に参加できるのは現行の「全銀システム」加盟銀行に限られますが、「モアタイムシステム」への参加・不参加、参加する場合の参加時期および参加する時間帯については任意となっており、加盟銀行の判断によります。ただし、モアタイムへの参加を選択した銀

図表Ａ－５　現行および新たに拡大する稼働時間帯のイメージ

| 時間帯 | 平日 | 土日祝日 |
| --- | --- | --- |
| ０：００～８：３０ | | 新たに拡大する時間帯<br>（モアタイムシステムを利用） |
| ８：３０～15：30 | 現行の稼働時間帯<br>（既存の全銀システムを利用） | |
| 15：30～18：00 | 共通接続時間<br>全参加行が共通して接続する時間帯 | |
| 18：00～24：00 | | |

（出典）　全国銀行協会ホームページを参考にKPMG作成

---

4　信用金庫および信用組合は業態として接続していることからそれぞれ１行としてカウントしており、モアタイムに参加予定の個別の信用金庫および信用組合（399行）は含めていない。

行は、ニーズが高い、平日15時30分から18時までの時間については、共通して接続することとされています。

したがって、モアタイム時間帯にリアルタイムでの他行宛振込が可能となるのは、送金側の金融機関が「モアタイムシステム」に接続しているだけでなく、振込先の金融機関も接続していることが条件となります。この条件が満たされない場合は、翌営業日の現行「全銀システム」の稼働時間か双方の接続がそろう時間[5]まで着金されないことになります。

「全銀システムの24時間365日対応化」は、直接「XML電文」への移行や「金融EDI」の導入に結びつくものではありませんが、決済プロセスの効率化・高度化に寄与するものです。一方で、企業にとっては、締めの概念がなくなることや、夜中の着金への対応など、これまでの業界慣行では対応できない事態が発生することから、新たな慣行が構築されるようになるまで、手探りの対応が続くことになります。

---

5 たとえば、いずれかの銀行がモアタイム時間帯すべてに対応しており、もう一方が平日の6時30分から8時30分のみに対応している場合、平日の夜に出された振込指図は、リアルタイムには振込先の口座に反映されず、翌営業日の朝6時30分になって双方の銀行が接続した段階で反映されることになる。この場合は、リアルタイムではないものの現行の全銀システムが稼働する平日の8時30分より早く着金することになる。

## XML新システム等のデータを活用した電子領収書の発行

アクションプラン（図表A－4）中の⑤において「XML新システム等のデータを活用した（中略）税務支援（XML新システムによる税務対応支援（電子領収書の発行等））」として掲げられている「ZEDI」のデータを活用した「電子領収書」スキームは、受取企業が「ZEDI」から取得するcamt電文[6]を利用します。受取企業は、camt電文を会計ソフトウェアベンダやFinTech企業等の情報処理事業者に送信し、情報処理事業者が「電子領収書」を作成し、支払企業に送信します（図表A－6参照）。

全国銀行協会は、2018年5月に「情報処理事業者がXML電文の振込入金通知等を利用して電子領収書の発行業務を行うに当たっての手引き」[7]（以下「電子領収書の手引き」という）を公表しています。この手引きによると、「電子領収書」の具体的な発行スキームは、図表A－7の手順となります。

なお、支払企業と受取企業間で電磁的方式により授受される「電子領収書」は、「電子計算機を使用して作成する

---

6 camtは「Cash Management」の略。camt電文は、「ZEDI」から受領する振込入金通知に係るレコード・フォーマット。
7 https://www.zenginkyo.or.jp/fileadmin/res/news/news300514.pdf

図表A−6 電子領収書スキームのイメージ図

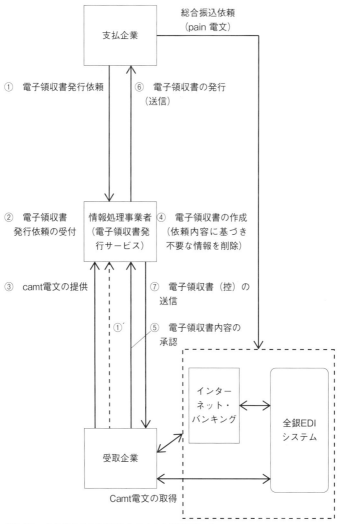

(出典) 全国銀行協会資料をもとにKPMG作成

図表A－7　電子領収書の発行手順

| | | |
|---|---|---|
| ① | 電子領収書の発行依頼 | 支払企業は、情報処理事業者に対して電子領収書の発行を依頼（①´は、受取企業が情報処理事業者に依頼する場合） |
| ② | 電子領収書の発行依頼の受付 | 情報処理事業者は、支払企業（または受取企業）から、電子領収書の発行依頼を受付 |
| ③ | camt電文の提供 | 受取企業は、全銀EDIシステムから取得したcamt電文を情報処理事業者に提供 |
| ④ | 電子領収書の作成 | 情報処理事業者は、受取企業から受領したcamt電文をもとに、発行依頼人の依頼内容に基づき、不要な情報を削除したうえで、電子領収書を作成 |
| ⑤ | 電子領収書内容の承認 | 受取企業は、情報処理事業者が支払企業に発行する電子領収書の内容について、承認 |
| ⑥ | 電子領収書の発行（送信） | 情報処理事業者は、受取企業の承認を受けた電子領収書を支払企業に発行（送信） |
| ⑦ | 電子領収書（控）の送信 | 情報処理事業者は、支払企業に発行した電子領収書の控えを受取企業に送信 |

（出典）　全国銀行協会資料をもとにKPMG作成

国税関係帳簿書類の保存方法等の特例に関する法律」（以下「電子帳簿保存法」という）第2条第6号に規定する電子取引に該当すると考えられます。電子取引に該当する場合は、同法第10条に基づき「電子領収書」を保存する必要があり、保存にあたっては、電子帳簿保存法施行規則第8条

第1項で定める保存要件を満たす必要があります。

## 決済高度化官民推進会議（2017年6月）
——アクションプラン概念図等

2017年6月に開催された「官民推進会議」では、金融庁から前述の「アクションプラン」に係る取組みを一覧にした説明資料（以下「アクションプラン概念図」という）が公表されました。図表A－8は、金融庁の公表資料をもとに最新の情報への更新など筆者が修正を加えたものです。

2017年6月の「官民推進会議」では、全国銀行協会から「XML電文」への移行に関する進捗のほか、新たに「手形・小切手機能の電子化」[8]に加え、「アクションプラン」には組み込まれていなかった「税・公金収納の効率化」に係る検討について報告[9]されました。

2017年12月の「官民推進会議」では、全国銀行協会より、「ZEDI」の2018年12月のサービス開始に向けた開発および「金融EDI」情報等を活用した「電子領収書」スキームに係る検討も含めた「XML電文」への移行に関する進捗のほか、「手形・小切手機能の電子化」について2017年12月に全国銀行協会を事務局とする「手形・小切手機能の

---

8 この時点では「手形・小切手の電子化」とされ、後に「手形・小切手『機能』の電子化」という表現に変更されたが、本書ではすべて「手形・小切手機能の電子化」で統一する。
9 https://www.fsa.go.jp/singi/kessai_kanmin/siryou/20170621/04.pdf

図表A-8　アクションプランに係る取組みの概要

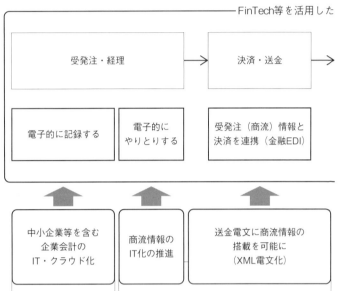

(出典)　金融庁作成資料をもとにKPMG作成

企業の成長力強化

| 資金繰り・税務対策 | 債権管理など（手形・小切手） | 税・公金収納 |
|---|---|---|
| 連携されたデータを有効活用する | 債権管理も電子化する | 税・公金収納もITでシームレスに |

| XML新システム等のデータを活用した融資サービス・税務対応の容易化等 | 電子手形・小切手への移行 | 税・公金収納の効率化 |
|---|---|---|
| ・XMLデータを活用した新たな融資サービス（2019年メド）<br>・XML新システムによる電子領収書発行等の税務対応支援（2019年メド） | ・官民の関係者による「手形・小切手機能の電子化に関する検討会」（2017年12月〜） | ・納付書様式の一元化やFinTech企業の活用、ペーパーレス化の推進等を通じた、税・公金収納の効率化を図るため、官民一体で取組みを推進（今後、地方自治体等にも連携を呼びかけ）<br>・「税・公金収納・支払の効率化等に関する勉強会」（2018年3月〜） |

電子化に関する検討会」(電子化検討会)を設置したことが報告[10]されました。

また、「手形・小切手機能の電子化」にあたっては、社会的コスト削減の早期実現や企業の対応容易性の観点から、既存の商品・サービスで対応する方向性が示されました。具体的には、紙の手形の代替として「電子記録債権」、紙の小切手の代替として振込が想定されています。

(3) アクションプランの進捗

### 未来投資戦略2018
──振込情報と商流EDIの接続に係る実証実験

2018年6月15日に公表された「未来投資戦略2018」においては、2018年12月の「ZEDI」の稼働と2020年までの「送金電文」の全面的XML化の実現について引き続き掲げられています。また、「手形・小切手機能の電子化」についても引き続き検討が進められ、2018年度中をメドに課題の整理を行うとされています。

「税・公金収納の効率化」については、全国銀行協会を事務局とする「税・公金収納・支払の効率化等に関する勉強会」(以下「公金収納勉強会」という)が設置され、金融機関、関係省庁および地方自治体のほかにFinTech企業が

---

10 https://www.fsa.go.jp/singi/kessai_kanmin/siryou/20171220/01.pdf

関係者とされているなど、この分野におけるFinTech企業およびFinTechサービスの位置づけの重要性がうかがわれます。

また、これまでにない新しい点としては、「ZEDI」を用いた振込情報と「商流EDI」の接続に係る実証実験の実施があげられます（図表A－9参照）。

### 図表A－9　未来投資戦略2018における商流EDIに係る記述

| 2018年6月「未来投資戦略2018」 |
| --- |
| ・本年12月の全銀EDIシステムの稼働、平成32年までの送金電文の全面的XML化を実現するため、全国銀行協会、商工会議所等の金融界・産業界や関係省庁が連携し、周知活動や当該システムの活用事例の共有などの取組みを推進する。<br>・企業間の受発注の電子化（商流EDI）の共通化を引き続き推進するとともに、金融界・産業界・関係省庁が連携して、全銀EDIシステムを用いた振込情報と商流EDIの接続に係る実証実験を本年度中に実施するなど、金融EDIと商流EDIの連携を推進する。<br>・手形・小切手機能の電子化に向け、金融界・産業界・関係省庁が連携して議論を行っている「手形・小切手機能の電子化に関する検討会」において、諸課題の検討を進め、本年度中を目途に課題の整理を行う。<br>・納税・公金納付に関し、来年10月の地方税共通納税システム稼働に向けた準備を引き続き進めるとともに、金融機関、関係省庁、地方自治体、FinTech企業などの関係者が連携した「税・公金収納・支払の効率化等に関する勉強会」において、ITによる利用者利便の向上・効率化に向けた課題等について、本年度中を目途に検討を進める。 |

（出典）　未来投資戦略2018

## 決済高度化官民推進会議(2018年6月)
―― 電子化検討会と公金収納勉強会

 2018年6月に開催された「官民推進会議」では、全国銀行協会より、「ZEDI」が2018年12月25日のサービス開始に向け開発中であることおよび「XML電文」作成をサポートする簡易XML作成機能の提供に向けた準備を含む「XML電文」への移行に向けた進捗が報告[11]されました。

 ただし、システム構築や稼働といった一定範囲の関係者で進められる「ZEDI」を通じた「XML電文」による企業間送金指図フォーマットの導入とは異なり、2020年をメドとしている「固定長電文」の廃止については、負担を被ることになる広範な現行の「固定長電文」の利用者の理解を得る必要があり、関係者による周知活動が展開されているものの、計画どおりに「固定長電文」が廃止できるかどうかについては予断を許しません。実際に、「決済高度化WG報告」やいくつかの官民推進会議における全国銀行協会からの報告には「全面移行の時期については、利用者たる産業界の意向を幅広く踏まえて決定されることが考えられる」といった2020年をメドとする企業間の国内送金指図における「固定長電文」の廃止時期に関する注釈がつけられています。

---

11 https://www.fsa.go.jp/singi/kessai_kanmin/siryou/20180611/01.pdf

「XML電文」への移行および「金融EDI」の導入は、「アクションプラン」の起点となる施策であることから、「固定長電文」の廃止が延期された場合は、企業の財務・決済プロセス全体の高度化に係るスケジュール全体にも影響が及ぶことになりますので、「固定長電文」の廃止に向けた取組みの動向については注視していく必要があります。

　一方、「未来投資戦略2018」において言及されていた「公金収納勉強会」については、納付者、収納機関、金融機関の実態を把握し、ITによる利用者利便の向上・効率化に向けた課題等について検討し、2019年3月に報告書が取りまとめられる予定です。

　図表A－10は本節で整理したXML電文への移行および手形・小切手機能の電子化を含むアクションプランに係る検討について時系列にまとめたものです。

図表A-10　XML電文への移行および手形・小切手機能の電子化を含むアクションプランに係る検討の経緯

| XML電文への移行および金融EDIの導入に係る検討 ||
|---|---|
| 2015年12月 | 金融審議会「決済業務等の高度化に関するワーキング・グループ報告」の公表 |
| 2016年2月 | 全国銀行協会を事務局とする「XML電文への移行に関する検討会」を設置 |
| 2016年6月 | 金融庁に「決済高度化官民推進会議」を設置 |
| 2016年6月 | 日本再興戦略2016が閣議決定 |
| 2016年8月 | 経済産業省に「金融EDIにおける商流情報等のあり方検討会議」を設置 |
| XML電文への移行等および手形・小切手機能の電子化等を含むアクションプランに係る検討 ||
| 2017年6月 | 未来投資戦略2017が閣議決定 |
| 2017年12月 | 全国銀行協会を事務局とする「手形・小切手機能の電子化に関する検討会」を設置 |
| 2018年3月 | 全国銀行協会を事務局とする「税・公金収納・支払の効率化等に関する勉強会」を設置 |
| 2018年6月 | 未来投資戦略2018が閣議決定 |

(出典)　各種資料をもとにKPMG作成

## 2 決済サービスに係る今後の規制の動向

　企業の財務・決済プロセス全体の高度化を支える決済サービスに係る規制としては、前述のオープンAPIと「クラウド会計ソフト」等を提供する電子決済等代行業者に対する規制を導入した2018年6月に施行された改正銀行法があります。

　今後は、2018年6月19日に公表された金融審議会「金融制度スタディ・グループ中間整理―機能別・横断的な金融体系に向けて―」（以下「中間整理」という）に基づいて決済分野を含む大がかりな法改正が行われると考えられます。

　実際の施行は数年先になると考えられますが、決済サービスおよびその提供者に対する規制のあり方が大幅に変わると見込まれることから、決済サービスの利用者となる企業等にも少なくない影響が及ぶと予想されます。本節では、「中間整理」に基づいて、可能な限り将来の決済サービスをめぐる法規制の動向について考察してみます。

# 金融審議会「金融制度スタディ・グループ中間整理
―機能別・横断的な金融体系に向けて―」

「中間整理」が策定・公表された背景には、ITの進展等により、決済サービスを含む金融サービス全体に広がる大きな環境変化が起こっていることがあります。

一つは、ITの進展により金融サービスを個別の機能に分解して提供するアンバンドリングの動きと、複数の金融・非金融のサービスを顧客ニーズに応じて再構築して提供するリバンドリングの動きが広がってきたこと、もう一つは、こうしたリバンドリングしたサービスを提供する業者が、既存の金融機関ではないノンバンク・プレーヤーが中心であるということです。

たとえば、eコマースサイトの運営業者は、eコマースサイトを通じて電子商取引（非金融サービス）を手掛けつつ、前述のように出店者に対する「トランザクション・レンディング」を提供することがあります。一般的にこうした運営業者は、融資サービスを提供するにあたっては、銀行業の免許を取得するのではなく、貸金業法に基づく貸金業者として登録します。

また、SNS提供会社は、会員に対してSNSプラットフォーム（非金融サービス）を提供する一方、モバイル送金サービスを提供したり、サーバ型前払式支払手段を利用

して決済サービスを提供したりすることがあります。前者は、銀行免許を取得して「為替取引」を提供するのではなく、資金決済法に基づく資金移動業者として登録して資金移動サービスを手掛け、後者は、資金決済法に基づく前払式支払手段の提供者として、銀行免許を取得することなく決済サービスを提供[12]しています。

　こうした金融サービスのアンバンドリングと非金融サービスとのリバンドリングの流れが広がるなかで、同一のサービスを提供していても適用される法律・業態によって規制水準が異なるなど、現行の既存の銀行や金融商品取引業者（いわゆる証券会社や資産運用会社など）、保険会社といった「業態」別の規制体系がそぐわなくなってきました。そのため、業態別の規制を機能別・横断的な規制体系とすることが検討されています。

　「中間整理」において検討の対象とされている現行の法規制および業態と機能分類のイメージは図表A－11のとおりです。

　業態別から機能別・横断的な規制体系への移行は、決済

---

12　対価の支払という観点からみると、「資金決済」手段は金銭的価値を移転する「為替取引」に限定されない。「中間整理」では、価値の移転効果をもたらす手段としては「為替取引」以外にも自家型前払式支払手段のような、商品・サービスを提供する者自身がその対価の支払い手段を提供し、それを用いて債権債務関係を解消するような場合」などがあるとしている。銀行業務のうち、預金の受入れと「為替取引」（価値の移転の意）を組み合わせた「資金決済」といえる。

図表Ａ－11　現行の法規制および業態と検討されている機能分類の
　　　　　　イメージ

| 現行法 | 業態 | | 機能 |
|---|---|---|---|
| 資金決済法 | 資金移動業者 | | 決済<br>・資金移転<br>・債権債務の解消（清算機関や電子債権記録機関も含む） |
| | 前払式支払手段発行者 | | |
| 銀行法 | 銀行（預金の受入れ、為替取引） | | |
| | 銀行（資金の貸付） | | 資金供与 |
| 貸金業法 | 貸金業者 | | |
| 金融商品取引法 | 金融商品取引業者 | | 資産運用 |
| 保険業法 | 保険会社 | | リスク移転 |

（出典）　金融庁資料をもとにKPMG作成

　サービスの利用者からみると、たとえばサービス提供者によって同一サービスであってもサービス提供者に適用される法律によってサービス内容に係る制限や利用者保護に係る仕組みが異なるといったことがなくなるといった変化が生じると考えられます。

　このことは、たとえば、銀行が手掛ける「為替取引」とノンバンク・プレーヤーが手掛ける現行の資金移動業との間に法規制のうえの差異[13]がなくなり、同一の法のもとで

免許や登録といった規制区分および財務規制なども含め基本的に同水準の規制に服することになると考えられます。その場合、「全銀システム」に参加できるのは、旧銀行のみとする合理性がなくなります。「全銀システム」への参加は、「日銀ネット」への参加、つまり日本銀行に当座預金口座を開設することとセットになりますので、ノンバンク・プレーヤーが日本銀行に口座を開設可能とするかどうかなど新たな論点も生まれます。

また、「決済」に分類される機能には、価値を移転する「為替取引」だけでなく、「債権債務の解消」も含まれています。そして、「債権債務の解消」に係る決済サービスの提供者として「清算機関」や「電子債権記録機関」が含まれるとされています。

このことは、今後「全銀システム」や「手形・小切手機能の電子化」によって利用の増加が見込まれる「電子記録債権」を管理する「電子債権記録機関」も含めた決済サービスに係る規制体系が整理され、「為替取引」と「債権債務の解消」の二つの機能がより一体化したサービスが生まれる可能性が高まっているともいえます。

---

13 現在「資金移動業」は、100万円以下に限って銀行免許を得ることなく資金移動業者として登録することによって「為替取引」を行うことが可能である。これに対して、「為替取引」に係るリスクは、金額の多寡ではなく、顧客から資産を預かるかどうかで変わるとして、資金移動業の為替取引に係る金額制限に合理性はないとするレポートが日本銀行から公表されている。

いずれにせよ、金融制度スタディ・グループで行われている議論は決済サービス分野における規制体系にも深くかかわるものであり、決済サービスの利用者である企業等においても注視していく必要があります。

# 事項索引

**【英字】**

ABL ……………………………………………………………… 150
API ……………………………………………………………… 27
BIS／CPSS ……………………………………………………… 44
camt.052 ………………………………………………………… 84
camt.054 ………………………………………………………… 84
CMS ……………………………………………………………… 24
CPMI …………………………………………………………… 44
EB ………………………………………………………………… 51
EDI ……………………………………………………………… 67
EDI情報 ………………………………………………………… 5,69
EDIフォーマット ……………………………………………… 68,92
eコマースサイト ……………………………………………… 30
e-文書法 ……………………………………………………… 134
FB ………………………………………………………………… 3,51
FinTech ………………………………………………… 24,147,164
FinTechアクションプラン …………………………………… 172
FMI原則 ………………………………………………………… 44
IB ………………………………………………………………… 3,51,86
INSネット ……………………………………………………… 87
IOSCO …………………………………………………………… 44
ISDN …………………………………………………………… 52
ISO20022 ……………………………………………………… 59
JX通信情報 …………………………………………………… 84
MTデータ伝送 ………………………………………………… 50
PFM ……………………………………………………………… 25
PO ……………………………………………………………… 150

| 項目 | ページ |
|---|---|
| POファイナンス | 151 |
| RPA | 141 |
| RTGS | 48 |
| SNSプラットフォーム | 188 |
| STP化 | 140, 144 |
| S-ZEDI | 94 |
| XML | 10 |
| XML新システム | 176 |
| XML電文 | 56, 93, 141, 165 |
| XML電文への移行に関する検討会 | 167 |
| ZEDI | 73, 176, 179 |

## 【あ】

| 項目 | ページ |
|---|---|
| アクションプラン | 164, 170, 179 |
| アンバンドリング | 188 |
| 一括ファイル伝送 | 55, 77 |
| インターネット・バンキング | 3, 51 |
| 受取銀行 | 3 |
| 売上明細データ | 148 |
| 売掛債権 | 115, 119 |
| 売掛債権担保融資活用の容易化 | 156 |
| エレクトロニック・バンキング | 51 |
| オープンAPI | 27 |

## 【か】

| 項目 | ページ |
|---|---|
| 拡張可能 | 63 |
| 家計簿アプリ | 25 |
| 貸金業者 | 190 |
| 貸金業法 | 190 |
| 可変長 | 63 |

| | |
|---|---|
| 紙の手形の廃止 | 116,127 |
| 為替通知 | 40,46,49 |
| 為替手形 | 102 |
| 為替取引 | 37 |
| 官民推進会議 | 66,167 |
| 企業間送金サービス | 12 |
| キャッシュ・マネジメント・サービス | 24 |
| 給与振込 | 53 |
| 共同センター経由 | 77 |
| 記録原簿 | 118 |
| 銀行法 | 190 |
| 銀行法改正（2018年6月施行） | 28 |
| 銀行（預金の受入れ、為替取引、資金の貸付） | 190 |
| 金融EDI | 16,67,91 |
| 金融EDI情報項目 | 95 |
| 金融EDIにおける商流情報等のあり方検討会議 | 169 |
| 金融商品取引業者 | 190 |
| 金融商品取引法 | 190 |
| 金融審議会 | 187 |
| 金融審議会「金融制度スタディ・グループ中間整理」 | 188 |
| クライアント証明書 | 75 |
| クラウド会計ソフト | 26,91 |
| クラウドファンディング | 24 |
| 経理業務のSTP化 | 139 |
| 消込作業 | 61 |
| 決済業務 | 130 |
| 決済高度化WG報告 | 44,60,164,166 |
| 決済高度化官民推進会議 | 66 |
| 決済高度化官民推進会議（2017年6月） | 179 |
| 決済高度化官民推進会議（2018年6月） | 184 |

事項索引

| | |
|---|---|
| 決済・市場インフラ委員会 | 44 |
| 決済リスク | 48 |
| 現場オペレーション重視の間接業務 | 133 |
| 交換振込 | 49 |
| 更新系サービス | 27 |
| 国際決済銀行・支払決済システム委員会 | 44 |
| 国内送金電文規格 | 85 |
| 国連CEFACT | 69 |
| 固定長（総合振込）レコードフォーマット | 62 |
| 固定長電文 | 3,62,165 |
| 固定長電文の廃止 | 12,67 |

## 【さ】

| | |
|---|---|
| サプライチェーン・ファイナンス | 150 |
| 参照系サービス | 27 |
| 資金移動業者 | 190 |
| 資金回収 | 155 |
| 資金決済 | 36 |
| 資金決済法 | 190 |
| 資金清算 | 40 |
| 自行振込 | 39,49 |
| 資産管理 | 25 |
| 自動消込 | 139 |
| 支払銀行 | 3 |
| 仕向銀行 | 43 |
| 指名債権 | 119 |
| 締日による請求 | 132 |
| 受発注情報 | 3,61 |
| 証券監督者国際機構 | 44 |
| 譲渡記録 | 119 |

| | |
|---|---|
| 証憑書類 | 132 |
| 商流EDI | 141 |
| 商流EDIフォーマット | 90 |
| 商流情報 | 69 |
| 商流情報検討会議 | 169 |
| 商流情報の整理 | 169 |
| 書面による重要書類の承認 | 131 |
| 新ファイル転送 | 50 |
| スクレイピング | 27 |
| 税・公金収納の効率化 | 182 |
| 税務関連書類の書面保存 | 132 |
| 全銀協標準通信プロトコル（TCP／IP手順・広域IP網） | 88 |
| 全銀システム | 3, 42, 191 |
| 全銀システムの24時間365日対応化 | 173 |
| 全銀ネット | 43, 168 |
| 全銀フォーマット | 43 |
| 全国銀行資金決済ネットワーク | 168 |
| 送金指図 | 8, 15, 53, 93 |
| 送金電文 | 45 |
| 総合振込 | 4, 52 |
| 即時グロス決済 | 48 |

## 【た】

| | |
|---|---|
| 他行振込 | 39, 49 |
| 都度振込 | 15, 53 |
| 手形 | 100 |
| 手形交換加盟銀行 | 102 |
| 手形交換所 | 101 |
| 手形・小切手機能の電子化 | 108 |
| 手形・電子記録債権 | 150 |

手形の譲渡・裏書 …………………………………… 104
手形のファクタリング ……………………………… 106
手形の割引 …………………………………………… 105
デジタルレイバー …………………………………… 141
テレ為替 ……………………………………………… 49
でんさいネット ……………………………………… 122
電子化検討会 ………………………………… 127,158
電子記録 ……………………………………………… 119
電子記録債権 ………………………………… 115,155
電子記録債権法 ……………………………………… 119
電子決済等代行業者 ………………………………… 27
電子債権記録機関 …………………………… 116,118
電子領収書 ……………………………… 72,146,176
トランザクション・レンディング ………………… 30

## 【な】

内国為替取引 ………………………………………… 38
二重譲渡リスク ……………………………………… 115
日銀ネット …………………………………………… 191
日本再興戦略2016 …………………………… 168,169
入出金取引明細 ……………………………………… 3,84

## 【は】

発生記録 ……………………………………………… 118
被仕向銀行 …………………………………………… 43
標準EDI ……………………………………………… 140
ファームバンキング ………………………………… 3,51
ファイルアップロード方式 ………………………… 64
ファクタリング ……………………………………… 156
振込 …………………………………………………… 39

198

振込情報 ·············································································· 4
振込入金通知 ···································································· 83
保険会社 ·········································································· 190
保険業法 ·········································································· 190

## 【ま】
マークアップ言語 ······························································ 56
前払式支払手段発行者 ······················································ 190
未来投資戦略2017 ···················································· 164, 170
メール振込 ········································································ 49
モアタイム時間帯 ····························································· 175

## 【や】
約束手形 ·········································································· 100
有識者会議 ········································································ 44

## 【ら】
リバンドリング ································································ 188

KINZAIバリュー叢書
## BtoB決済　デジタライゼーション
──XML電文で実現する金融EDIと手形・小切手の電子化

2018年12月25日　第1刷発行

　　　　　　　　　　　編　者　KPMGジャパン
　　　　　　　　　　　　　　　フィンテック推進支援室
　　　　　　　　　　　発行者　倉　田　　　勲

〒160-8520　東京都新宿区南元町19
発　行　所　一般社団法人　金融財政事情研究会
企画・制作・販売　株式会社きんざい
　　出 版 部　TEL 03(3355)2251　FAX 03(3357)7416
　　販売受付　TEL 03(3358)2891　FAX 03(3358)0037
　　　　　　　URL https://www.kinzai.jp/

DTP・校正：株式会社友人社／印刷：株式会社日本制作センター

・本書の内容の一部あるいは全部を無断で複写・複製・転訳載すること、および磁気または光記録媒体、コンピュータネットワーク上等へ入力することは、法律で認められた場合を除き、著作者および出版社の権利の侵害となります。
・落丁・乱丁本はお取替えいたします。定価はカバーに表示してあります。

ISBN978-4-322-13427-8